Karl-Hans Seyler

Lachen ist gesund!

Humorvolle Geschichten zur Steigerung der Lesekompetenz

3./4. Jahrgangsstufe

umweltfreundlich
auf chlorfreiem Papier

pb-verlag · München · 2015

ISBN 978-3-89291-**150**-**0**

Vorwort

Literaturunterricht, und damit verbunden der Erwerb von Lesekompetenz, gewinnt in unserer Zeit immer mehr an Bedeutung. Die geplante Reihe (1. Einfach fantastisch – Fantasiegeschichten; 2. Vorsicht Hochspannung – Krimis und spannende Geschichten; 3. Lachen ist gesund – humorvolle Geschichten; 4. Fair und tolerant gegenüber anderen – nachdenkliche Geschichten) will dazu beitragen, dass literarische Texte leichter erfasst werden, die Lesekompetenz weiter verbessert und mehr Spaß am Lesen gewonnen wird.

Jeder Band ist nach dem gleichen Prinzip aufgebaut. Auf ein gut strukturiertes Stundenbild folgt ein optisch wie inhaltlich ansprechendes Arbeitsblatt, das die Quintessenz der betreffenden Unterrichtseinheit umfasst. Das Lösungsblatt folgt unmittelbar dem Arbeitsblatt. Dazu wird eine kindgerechte, motivierende Bebilderung angeboten.

Die Schülerinnen und Schüler in der 3. und 4. Klasse sollen lernen, sich bewusst mit Texten auseinanderzusetzen und dadurch ihre Fähigkeit zum sinnentnehmenden Lesen zu erweitern. Häufig kommt es in diesen Jahrgangsstufen vor, dass zwar flüssig gelesen, die Information der Texte aber nur unzureichend verstanden wird und kaum in eigene Worte gefasst werden kann. Lesen bereitet jedoch erst dann wirklich Freude, wenn das Gelesene verstanden wird und die Aussageabsicht des Textes klar wird.

Um diesem Ziel näher zu kommen, werden in diesem Band „Lachen ist gesund – humorvolle Geschichten zur Steigerung der Lesekompetenz" neun motivierende Geschichten angeboten, mit denen sich die Schüler auseinandersetzen können. Zu jeder Geschichte gehört ein klar strukturiertes Tafelbild und ein Arbeitsblatt, das gezielte Fragen zum Text, zum exakten, wortgenauen Lesen und zur Erschließung des Gehalts enthält. Das textgerechte Antworten steht im Vordergrund, um Oberflächlichkeit beim Lesen zu vermeiden.

Besonderen Wert wird auf einen motivierenden Einstieg gelegt. Die ganzseitigen Bilder im DIN A4-Format können – vergrößert auf DIN A3- oder auf DIN A2-Format – als stummer Impuls an die Tafel gehängt werden und als Sprechanlass dienen.

Für den Unterrichtenden bedeutet der Einsatz dieser Reihe zum einen eine erhebliche Arbeitserleichterung, zum anderen die Chance, Schülern Literatur auf anspruchsvolle, spannende, humorvolle und auch nachdenkliche Art „schmackhaft" zu machen und nahezubringen.

Viel Freude und Erfolg mit diesem Band
wünschen Ihnen

Autor und Verlag

Inhaltsverzeichnis

D Lesen   **Name:** _____   **Datum:** _____

Beurteilungsbogen: Lesekompetenz
Lesefertigkeiten und Lesestrategien

	Ausgangszustand ☺☹☺	Lernzuwachs ☺☹☺	Jetztzustand ☺☹☺
1. Lesefertigkeiten			
liest langsam und stockend			
liest fast flüssig, aber monoton			
liest flüssig und deutlich, mit allen Endbuchstaben			
liest flüssig und richtig			
liest flüssig und beachtet die Satzzeichen			
braucht Lesezeichen, um seinen Lesefluss zu unterstützen			
liest in angemessener Lautstärke			
liest mit deutlicher Betonung – der Text wirkt lebendig			
beherrscht alle Lesefertigkeiten			
liest sinnerfassend			
findet Informationen im Text			
erkennt Sinnreihenfolge bei Textabschnitten			
2. Lesestrategien			
erkennt die Textstruktur			
ist sicher in der Textart			
findet passende Überschriften für Sinnabschnitte			
erkennt Schwierigkeitsgrad des Textes			
erkennt Merkmale des Textes			
wählt passenden Lesestil			
wählt Lesestil entsprechend seinem Leseziel			
erkennt Sinnabschnitte im Satz			
liest nach Sinnabschnitten mit Betonung			
beherrscht die Markierungsmethode			
weiß, was Mindmapping ist			
beherrscht Mindmapping			
kann Texte zusammenfassen			
kann Textinhalte aus dem Gedächtnis abrufen			
kennt Lesestrategien			
beherrscht Lesestrategien			
kann Lesestrategien selbstständig anwenden			
kann Mitschüler gut einschätzen (mit Beobachtungsstreifen)			
kann Mitschüler beraten (mit Beobachtungsstreifen)			

Thema
Wie sich der Franz zu helfen wusste (Christine Nöstlinger)

Lernziele
- Kennenlernen der Erzählung „Wie sich der Franz zu helfen wusste"
- Fähigkeit, den Inhalt kurz wiederzugeben
- Klärung der Redewendung „etepetete"
- Herausfinden der lustigen Stellen der Geschichte
- Fähigkeit zum sinnerfassenden und sinngestaltenden Lesen

Arbeitsmittel/Medien
- Textblätter (3)
- Bild für die Tafel: Franz mit Gabi und dem Neffen von Frau Berger
- Wortkarten (5): Franz/Gabi/Neffe von Frau Berger/Mutter von Franz/Frau Berger
- Arbeitsblatt mit Lösung (Folie)
- Tafelbild

Tafelbild/Folie

Wie sich der Franz zu helfen wusste (Christine Nöstlinger)

Franz
- sieht wie ein Mädchen aus
- piepsige Stimme
- ist wütend
- gebraucht Schimpfwörter
- zeigt „Mittelstück"

Neffe von Frau Berger
- höflich
- glaubt Franz nicht, dass er ein Junge ist

Mutter von Franz

Frau Berger

Gabi
- hinterhältig
- nachtragend
- legt Franz herein

Sippe = Familienangehörige, Verwandtschaft
etepetete = übertrieben vornehm, übergenau, kleinlich

Lehrskizze

I. Hinführung

Stummer Impuls	Tafel	Christine Nöstlinger
Aussprache		... Schriftstellerin ...
Impuls		L: Wie lernen eine weitere, lustige Geschichte von dieser Autorin kennen.
Stummer Impuls	Bild Tafel	Franz mit Gabi und einem größeren Jungen
Aussprache		
Zielangabe	Tafel	**Wie sich der Franz zu helfen wusste**

II. Darbietung des Textes

Vortrag von guten Lesern	Textblätter 1/2/3	Wie sich der Franz zu helfen wusste
Spontanäußerungen		
Klärung der Fremdwörter	Tafel	Sippe = Familienangehörige, Verwandtschaft etepetete = übertrieben vornehm, übergenau, kleinlich

III. Arbeit am Text

Impuls		L: Wer sind die Hauptpersonen der Geschichte?
Aussprache		
	Wortkarten (5)	Franz Gabi Neffe von Frau Berger Mutter von Franz Frau Berger
Arbeitsaufgabe		L: Beschreibe Aussehen und Verhalten von Franz, von Gabi und vom Neffen von Frau Berger.
Partnerarbeit		
Zusammenfassung	Tafel	Franz: sieht wie ein Mädchen aus; piepsige Stimme; ist wütend; gebraucht Schimpfwörter; zeigt „Mittelstück" Neffe von Frau Berger: höflich; glaubt Franz nicht, dass er ein Junge ist Gabi: hinterhältig; nachtragend; legt Franz herein

IV. Wertung

Impuls		L: Suche Textstellen, die lustig sind. Gib die Zeilen dazu an.
Aussprache		
Impuls		L: Welche Absicht hat die Autorin mit ihren Geschichten?
Aussprache		
Stummer Impuls	Folie 1	„Ich habe gewisse Vermutungen darüber, was Kinder lesen wollen, und gewisse Vermutungen, was Kinder lesen sollten. Und dann habe ich noch das dringende Bedürfnis, mir gewisse Dinge von der Seele zu schreiben. Und die feste Überzeugung, dass Kinder beim Lesen gern lachen, die habe ich auch." (Christine Nöstlinger)
Aussprache		

V. Sicherung/Übung

	Arbeitsblatt	Wie sich der Franz zu helfen wusste
Kontrolle	Folie 2	
Sinnerfassendes Lesen		

Christine Nöstlinger
Wie sich der Franz zu helfen wusste (Christine Nöstlinger)

Der Franz ist sechs Jahre alt. Weil der Franz aber sehr klein ist, merken das viele Leute nicht. Sie halten ihn für vier Jahre. Und dass er ein Bub ist, glauben sie auch nicht.

„Grüß Gott, kleines Mädchen", sagt die Gemüsefrau, wenn der Franz bei ihr einen Apfel kauft.

„Du bekommst noch Geld zurück, kleines Fräulein", sagt der Mann im Kiosk, wenn der Franz die Zeitung holt.

Das kommt davon, weil der Franz blonde Ringellocken hat und Kornblumenaugen. Und einen Herzkirschenmund. Und rosarote Plusterbacken. So, glauben die meisten Leute, sehen nur hübsche kleine Mädchen aus.

Der Papa vom Franz hat als Kind auch wie ein kleines Mädchen ausgesehen. Jetzt ist er ein großer, dicker Mann mit Bart, und niemand verwechselt ihn mehr mit einer Frau.

Der Papa zeigt dem Franz oft uralte Fotos und sagt: „Der da, der wie ein Mädchen ausschaut, der bin ich!" Und dann zeigt er dem Franz Fotos, die ein bisschen weniger uralt sind, und sagt: „Und das bin ich ein paar Jahre später. Da kann mich keiner mehr für ein Mädchen halten. Bei dir wird es genauso sein!"

Für den Franz ist das ein Trost. Aber er ärgert sich trotzdem, dass er wie ein Mädchen ausschaut. Weil manche Buben deshalb nicht mit ihm spielen wollen. Kommt der Franz in den Park, auf den Spielplatz und will beim Fußballmatch der Torwart sein, rufen die Buben: „Verzieh dich! Mädchen werden in unsere Mannschaft nicht aufgenommen!"

Sagt der Franz den Buben, dass er kein Mädchen ist, lachen sie ihn aus und glauben ihm nicht. Sie sagen: „Lüg doch nicht! Man merkt es ja schon an deiner Stimme! So eine Pieps-Stimme wie du, die hat nur ein Mädchen!"

Dabei hat der Franz gar keine Pieps-Stimme. Piepsig redet er nur, wenn er sich sehr aufregt. Und das tut er, wenn ihn die anderen für ein Mädchen halten und nicht mitspielen lassen.

Einmal, an einem Sonntag, schaute der Franz aus dem Küchenfenster. Da sah er unten im Hof einen Buben. Einen, den er noch nie im Hof gesehen hatte. Einen ganz fremden.

Der Bub ging im Hof herum. Und pfiff dabei. Und gab einer Blechdose einen Fußtritt. Die Blechdose sauste quer durch den Hof. Der Bub lief hinter ihr her und gab ihr wieder einen Fußtritt.

„Mama, kennst du den Buben da unten?", fragte der Franz.

Die Mama kam zum Küchenfenster und schaute auch in den Hof hinunter.

„Das wird der Neffe von der Berger sein", sagte sie. „Wahrscheinlich ist er mit seiner Mutter zu Besuch gekommen. Dem wird in der Wohnung langweilig geworden sein."

Das verstand der Franz gut. Wenn er bei seiner Tante zu Besuch war, war ihm auch immer recht langweilig. Der Franz stopfte vier Murmeln, drei Bubble-Gums, zwei blecherne Quakfrösche und ein Papiertaschentuch in die Hosentaschen und sagte zur Mama: „Du, ich gehe in den Hof hinunter!"

Die Mama hielt das für eine gute Idee.

„Aber benimm dich ordentlich," rief sie

dem Franz nach. „Die Berger-Sippe ist etepetete!"

85 Der Franz hatte keine Ahnung, was eine Sippe ist. Und was etepetete heißt, wusste er schon gar nicht. Weil er es aber sehr eilig hatte, erkundigte er sich nach den zwei unbekannten

90 Wörtern nicht.

Bevor der Franz in den Hof hinausging, holte er noch sein Fahrrad aus dem Keller. Das Fahrrad vom Franz war ziemlich nagelneu. Es war knallrot

95 lackiert und hatte eine große Gummihupe am Lenker. Der Franz war sehr stolz auf sein Fahrrad. Er dachte: Der Bub wird Augen machen! So ein wunderschönes Fahrrad hat der sicher

100 noch nie gesehen!

Der Franz schob das Fahrrad in den Hof hinaus. Er setzte sich aufs Fahrrad und fuhr Kreise um den Buben herum. Die Kreise zog er immer enger. Dabei

105 hupte er laut.

Der Bub hörte zu pfeifen auf. Er rief: „He, du! Wie heißt du denn?"

Der Franz bremste und stieg vom Fahrrad. „Ich heiße Franz!", sagte er.

110 Der Bub lachte. „Ein Mädchen kann doch nicht Franz heißen", rief er.

„Sowieso nicht", sagte der Franz. „Aber ich bin ja keines!" Seine Stimme war ein bisschen piepsig. Wer Kummer

115 gewohnt ist, hat eine Nase dafür, wenn Kummer bevorsteht!

Der Bub schaute ungläubig.

„Ich bin ein Bub! Auf Ehrenwort! Echt wahr!", sagte der Franz.

120 „Glaub ich nicht!" Der Bub schüttelte den Kopf.

Da ging die Hoftür auf, und die Gabi kam mit einem Mistkübel in den Hof. Sie ging zum großen Abfallkübel und

125 leerte den Mistkübel aus.

Die Gabi ist die Freundin vom Franz. Sie wohnt neben dem Franz. Meistens hat sie den Franz sehr gern. Aber an

diesem Tag schaute die Gabi den Franz nicht einmal an. Gestern hatte 130 der Franz mit ihr gestritten. Sogar auf die Zehen war er ihr getreten. Und angespuckt hatte er sie. Nur weil sie fünfmal hintereinander beim 'Menschärgere-dich-nicht' gewonnen hatte. 135

Der Bub winkte der Gabi zu. „Du! Komm doch einmal her!", rief er.

Die Gabi stellte den leeren Mistkübel ab und ging zum Buben und zum Franz hin. 140

„Was willst du denn?", fragte sie den Buben. Den Franz schaute sie noch immer nicht an.

Der Bub deutete auf den Franz. „Die da sagt, dass sie ein Bub ist. Stimmt 145 das?"

Jetzt schaute die Gabi den Franz an. Zuerst schaute sie bitterböse, dann lächelte sie. Aber sehr hinterhältig. Und dann sagte sie: „Ach wo! Einen 150 Schmarren! Das ist die Franziska! Die spinnt. Immer sagt sie, sie ist ein Bub!" Dann drehte sich die Gabi um, holte ihren Mistkübel und lief ins Haus zurück. Dabei kicherte sie. 155

„Du Rabenaas!", schrie der Franz hinter ihr her. „Du ganz, ganz gemeines Luder, du!" Vor lauter Aufregung war seine Stimme total piepsig.

„Pfui", sagte der Bub. „Man darf 160 nicht so gemein schimpfen! Und ein Mädchen schon überhaupt nicht!"

„Sie hat gelogen", piepste der Franz. „Ehrlich! Nur weil wir gestritten haben. Aus Rache!" 165

Der Bub schüttelte den Kopf und tippte sich dabei mit einem Zeigefinger an die Stirn. „So glaub mir doch!", piepste der Franz.

Der Bub steckte die Hände in die 170 Hosentaschen, seufzte und drehte sich vom Franz weg.

„Du bist mir doch viel zu dumm", murmelte er.

175 Der Franz ballte die Hände zu Fäusten.
Wie ein Boxer stand er da. Wild
wütend schaute er drein.
„Ich hau dich windelweich, wenn du mir
nicht endlich glaubst", piepste er.
180 Ohne sich umzudrehen, sagte der Bub:
„Mit kleinen Mädchen schlag ich mich
nicht herum, das tu ich nicht!"
Der Franz ließ die Fäuste sinken. Hilflos
kam er sich vor. Zum Heulen war ihm.
185 Tränen stiegen in seine Augen. Zwei
davon kullerten über seine rosaroten
Plusterbacken.
Der Bub drehte sich um.
„O Gottchen eins", rief er. „Warum
190 müsst ihr Mädchen denn immer gleich
losheulen?"
Da wusste sich der Franz nur noch
einen Rat: Er knöpfte seine Hose auf
und ließ sie fallen. Und zog die Unter-
195 hose bis zu den Knien herunter.
„Hier, bitte!", brüllte er, und jetzt war
seine Stimme gar nicht mehr piepsig.
„Glaubst du mir jetzt endlich?"
Der Bub starrte auf das nackte
200 Mittelstück vom Franz. Dann wollte er
etwas sagen, doch er kam nicht mehr
dazu. Die Frau Berger kam in den Hof
gelaufen und sauste wie der geölte
Blitz auf den Franz zu. Sie brüllte ihn
205 an: „Du Saubartel, du! Ja schämst du

dich denn gar nicht?"
Sie zog dem Franz die Unterhose hoch.
Und die Hose auch. Sie packte ihn
am Hemdkragen und schleppte ihn ins
Haus hinein, die Treppe hinauf, bis zur 210
Wohnungstür vom Franz. Sie drückte
auf die Türklingel.
Als die Mama vom Franz die Tür
aufmachte, fauchte die Frau Berger:
„Lassen Sie dieses Saubartel nicht 215
mehr in den Hof hinunter! Der Kerl
verdirbt ja alle anständigen Kinder!"
Dann ließ die Frau Berger den Hemd-
kragen vom Franz los. Der Franz stol-
perte ins Vorzimmer hinein. Die Frau 220
Berger marschierte laut keifend ab.
Seither schaut die Frau Berger den
Franz gar nicht mehr an. Nicht einmal,
wenn der Franz die Frau Berger höflich
grüßt, gibt sie ihm Antwort. 225
Wie der Franz sich deswegen bei der
Mama beklagt hat, hat die Mama
gesagt: „Das ist doch klar, Franz! Ich
hab dir ja gleich gesagt, dass die
Berger-Sippe etepetete ist!" 230
Jetzt kann sich der Franz unter den
zwei unbekannten Wörtern etwas vorstellen. Er denkt sich: Etepetete-Sippen
wollen nicht, dass die Wahrheit ans
Tageslicht kommt! 235

D Lesen | Name: _____ | Datum: _____

Wie sich der Franz zu helfen wusste
(Christine Nöstlinger)

1. Welche Personen kommen in der Geschichte vor?

_____

_____

2. Welche zwei Wörter, die Mutter sagt, sind Franz nicht bekannt?

_____

3. Erkläre die beiden Wörter. Informiere dich.

_____

_____

4. Was meint der Junge, als er Franz sieht?

☐ Franz kann gut Fahrrad fahren.

☐ Franz ist ein Mädchen.

☐ Franz versteht sich sehr gut mit Gabi.

5. Wie verhält sich Gabi, als sie nach ihrer Meinung zu Franz gefragt wird?

_____

_____

6. Wie überzeugt Franz den Neffen von Frau Berger, dass er ein Junge ist?

_____

_____

7. Suche drei Textstellen, die du lustig findest. Gib dabei die Zeile(n) an.

_____

_____

_____

8. Was macht Frau Berger im Bild links?

_____

_____

D Lesen | Lösung

Wie sich der Franz zu helfen wusste
(Christine Nöstlinger)

1. Welche Personen kommen in der Geschichte vor?

Franz, Neffe von Frau Berger, Gabi, Mutter vom Franz, Frau Berger

2. Welche zwei Wörter, die Mutter sagt, sind Franz nicht bekannt?

Sippe, etepetete

3. Erkläre die beiden Wörter. Informiere dich.

Sippe = Familienangehörige, Verwandtschaft

etepetete = geziert, kleinlich, übertrieben fein, sehr steif

4. Was meint der Junge, als er Franz sieht?

☐ Franz kann gut Fahrrad fahren.

☒ Franz ist ein Mädchen.

☐ Franz versteht sich sehr gut mit Gabi.

5. Wie verhält sich Gabi, als sie nach ihrer Meinung zu Franz gefragt wird?

Gabi sagt dem Jungen, dass Franz ein Mädchen sei und Franziska heiße. Damit

will sie sich für das schlechte Benehmen von Franz ihr gegenüber rächen.

6. Wie überzeugt Franz den Neffen von Frau Berger, dass er ein Junge ist?

Franz lässt seine Hose herunter und zeigt dem Jungen sein „Mittelstück".

7. Suche drei Textstellen, die du lustig findest. Gib dabei die Zeile(n) an.

Franz darf nicht mit den Jungen Fußball spielen (Z. 39-42); Franz schimpft (Z.

156-159); Franz zeigt sein „Mittelstück" (Z. 193-200); Frau Berger schimpft (Z.

205/206) u. a.

8. Was macht Frau Berger im Bild links?

Frau Berger schleppt Franz wütend zur Wohnung

seiner Mutter.

Thema
Die Mutprobe (Astrid Lindgren)

Lernziele
- Kennenlernen der humorvollen Geschichte „Die Mutprobe"
- Erfassen und Nacherzählen des Inhalts der Geschichte
- Wissen um die Eskalation der Mutprobe in der vorliegenden Geschichte
- Wissen um die positiven und negativen Aspekte von Mutproben
- Autorenporträt Astrid Lindgren
- Fähigkeit, eine Szene der Geschichte bildnerisch zu gestalten
- Fähigkeit zum sinnerfassenden und sinngestaltenden Lesen

Arbeitsmittel/Medien
- Textblätter (3)
- Bilder 1/2/3 für die Tafel: Astrid Lindgren/Regenwurm/Kuhstalldach
- Arbeitsblatt mit Lösung (Folie)
- Wortkarten (7): Stig/Albin/Mutprobe/Stiglinge/Albinisten/Sturz/Freunde
- Tafelbild
- Farbfilzstifte, Wachsmalkreiden
- Mitbringen von verschiedenen Büchern von Astrid Lindgren

Tafelbild/Folie

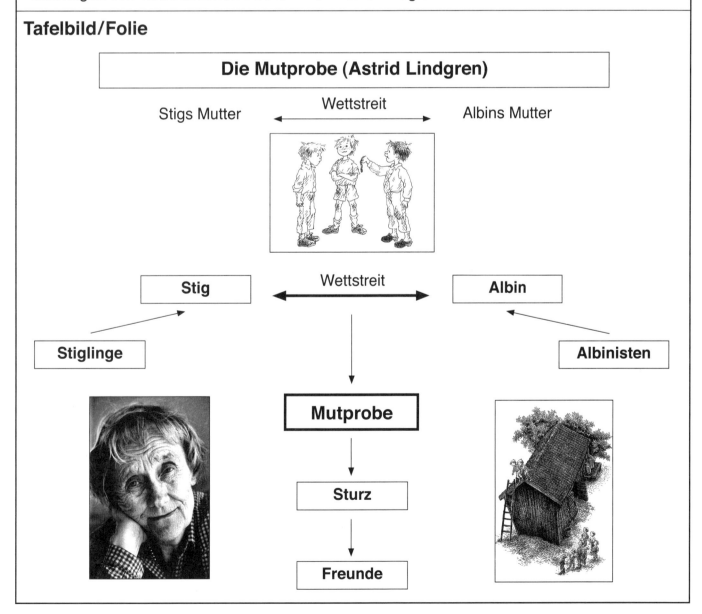

Die Mutprobe (Astrid Lindgren)

Stigs Mutter   ← Wettstreit →   Albins Mutter

Stig   ← Wettstreit →   **Albin**

Stiglinge   **Albinisten**

Mutprobe

Sturz

Freunde

Lehrskizze

I. Hinführung

Stummer Impuls	Bild 1 Tafel	Astrid Lindgren
Lehrerinformation		L: Sie ist die erfolgreichste Kinderbuchautorin der Welt.
Lehrkraft zeigt	Bücher	Pippi Langstrumpf, Ronja Räubertochter, Madita, Pelle, Die Kinder von Bullerbü
Aussprache	Tafel	Astrid Lindgren
Kurze Lehrerinfo		L: Sie wurde 1907 in Schweden geboren und starb 2002 in Stockholm in Schweden. Sie war schon zu Lebzeiten berühmt. Sie setzte sich für behinderte Kinder und für den Tierschutz ein.
Stummer Impuls	Bild 2 Tafel	Jungen mit Regenwurm
Aussprache		
Überleitung		L: Kennenlernen einer Geschichte. Sie heißt ...
Zielangabe	Tafel	**Die Mutprobe**

II. Darbietung des Textes

Lehrkraft/Schüler lesen	Textblätter 1/2/3	Die Mutprobe
Spotanäußerungen		

III. Arbeit am Text

Impuls		L: Wie heißen die beiden Hauptpersonen? Wie verhalten sie sich?
Aussprache		
	Wortkarten 1/2	Stig ⟶ Wettstreit ⟵ Albin
Impuls		L: Wie verhalten sich die Mütter der beiden zu Beginn der Geschichte?
Aussprache		
	Tafel	Stigs Mutter ⟶ Wettstreit ⟵ Albins Mutter
Stummer Impuls	Wortkarten 3-7 (Tafel ungeordnet)	Mutprobe Albinisten Freunde Stiglinge Sturz
Schüler ordnen (mit Pfeilen)		
Impuls		L: Zähle die einzelnen Mutproben auf? Was fällt auf?
Aussprache		
Stummer Impuls	Bild 3 Tafel	Kuhdach
Aussprache		... sehr hoch ... Sprung gefährlich ...
Zusammenfassung	Arbeitsblatt	Die Mutprobe
Kontrolle	Folie	

IV. Wertung

Impuls		L: Bewerte die Rolle der Albinisten und Stiglinge?
Aussprache		
Impuls		L: Was meinst du zu den Mutproben der Jungen? Welche Mutproben musstest du schon bestehen?
Aussprache		
Impuls		L: Es gibt auch lebensgefährliche Mutproben.
Aussprache		

V. Ausweitung

Zeichnerische Darstellung	Textblatt 3 Farbstifte etc.	Zeichnen einer Szene aus der Geschichte
Szenische Darstellung		
Sinngestaltendes Lesen		

Astrid Lindgren
Die Mutprobe

„Rotzbengel! Rotzbengel!"
Gellend und triumphierend tönte es
durch die Stille des Abends. Er, der
mit Rotzbengel gemeint war, erhob
5 sich aus dem Erdbeerbeet und spähte
zum Nachbarn hinüber. Aber der
Feind war nicht zu sehen. Statt dessen kam wieder das herausfordernde:
„Rotzbengel! Rotzbengel!" Da wurde
10 der in dem Erdbeerbeet ernstlich wild.
„Komm raus, du Feigling!", schrie er.
„Komm raus und sag das noch einmal
– wenn du dich traust!" Ein knallgel-
ber Kopf schoss blitzschnell aus dem
15 dichten Blätterwerk der Kastanie, die
hinter dem Zaun des Nachbarn stand.
„Wenn ich mich getraue?", sagte der
Knallgelbe und spuckte lässig über
den Zaun. „Wenn ich mich getraue?
20 Rotzbengel!!"
Es ging wie ein Lauffeuer durch das
Dorf: Albin und Stig sind aneinan-
dergeraten! Und schon nach wenigen
Minuten standen sie da, alle Jungen
25 des Dorfes.
Ja, Albin und Stig waren aneinander-
geraten. Das taten sie jeden Abend.
Das hatten sie schon getan, solange
man sich erinnern konnte. Es war
30 ein Wettstreit zwischen ihnen, ein
Wettstreit, der ungefähr zehn Jahre
dauerte, seitdem Albin und Stig in die
Wiege gelegt worden waren. „Denk
nur, Stig hat schon seinen ersten
35 Zahn bekommen", sagte Stigs Mutter
stolz zu Albins Mutter, als die Jungen
sechs Monate alt waren. Daraufhin
ging Albins Mutter nach Hause, riss
Albin aus der Wiege und steckte den
40 Zeigefinger in Albins Mund. Aber da
war nur ein kleiner weicher Gaumen
zu fühlen.
„Denk dir nur, wenn er etwas hat,
um sich daran zu halten, kann Stig
stehen", sagte Stigs Mutter einige Mo- 45
nate später zu Albins Mutter. Albins
Mutter ging nach Hause, riss Albin
aus der Wiege und stellte ihn neben
das Sofa. Aber Albins kleine krumme
Beinchen bogen sich unter ihm, und 50
er fiel schreiend zu Boden.
Aber auch für Albins Mutter kamen
guten Zeiten. „Denk dir, Albin kann
‚Rotationsmaschine' sagen", sagte
Albins Mutter zu Stigs Mutter, als die 55
Jungen zwei Jahre alt waren. Stigs
Mutter ging nach Hause und starrte
Stig an: „Sag Rotationsmaschine!"
„Groffa", sagte Stig. Das bedeutete
Großvater und war nicht ganz dasselbe 60
wie Rotationsmaschine.
Als Albin und Stig in die Schule kamen, wurden sie Banknachbarn.
Eigentlich hätten sie die besten Freunde sein müssen. Aber konnte es eine 65
Freundschaft werden, wenn sie immer
miteinander wetteifern mussten? Jeder
wollte immer der Beste sein. So war
es ihnen eingeredet worden, solange
sie sich erinnern konnten. 70
Es war schon ein strebsames Leben;
denn wenn die Lehrerin ‚Sehr gut' in
Albins Rechenheft geschrieben hatte,
tobte Stig wie ein Wilder, saß zu Hause
und rechnete, bis ihm die Augen bei- 75
nahe überkreuz gingen. Und wenn Stig
sich dadurch im Turnen auszeichnete,
dass er auf Händen lief, dann übte
Albin den ganzen Nachmittag, um das
Kunststück nachzumachen. 80
Wenn Albin nun in der Kastanie saß
und ‚Rotzbengel' zu Stig hinüberschrie,

dann deshalb, weil Stig gerade heute Albin im Hochsprung um fünf Zentimeter geschlagen hatte. Das wurmte Albin natürlich in tiefster Seele. Stig sah gereizt in die Kastanie hinauf.

„Du solltest lieber Hochsprung üben, anstatt ältere Personen zu beschimpfen", sagte er.

Stig war die ältere Person. Er war zwei Tage vor Albin geboren.

„Hochsprung interessiert mich gar nicht", sagte Albin. „Jedenfalls nicht Hochsprung von unten nach oben. Ich getraue mich, von diesem Baum zu springen. Das wagst du nicht."

Und Albin sprang vor Stig hinunter. Die Jungen folgten dem Lauf der Geschehnisse interessiert. Ein Teil von ihnen hielt zu Stig und ein Teil zu Albin.

„Du kannst von noch höher!", schrie einer der ‚Albinisten'. „Heja, Stig!", schrien die ‚Stiglinge'. Da kletterte Albin auf das Toilettendach. „Von hier aus getraue ich mich zu springen!", rief er Stig zu. Und dann sprang er. Stig schnaubte verächtlich. Vom Toilettendach sei er schon im Alter von zwei Jahren gesprungen. „Aber ich springe vom höchsten Bretterstapel beim Sägewerk", setzte er hinzu. Alle Jungen setzten sich in Marsch zum Sägewerk, und sahen entzückt zu, wie Stig vom höchsten Bretterstapel heruntersauste. Albin dachte nach: „Ich springe von der Fährbrücke", sagte er, aber es klingt nicht ganz überzeugend.

„Bravo!", schrien die Albinisten, als Albin auf die Fährbrücke kletterte und sich über das Geländer schwang. „Heja, Stig!", schrien die Stiglinge. Stig schluckte.

„Ich springe vom Holzbudendach", sagte er zum Schluss. „Stiggi ist unschlagbar!", brüllten die Stiglinge, schleppten eine Leiter herbei und

sahen, wie Stig hinaufkletterte. Er sah hinunter. Es war eine schwindelnde Höhe!

„Ha, du traust dich nicht!", johlten die Albinisten. Da sprang Stig.

Jetzt war Albin richtig ratlos. Er musste Stig besiegen! Gerade dort, wo Albin stand, kam ein Regenwurm aus der Erde gekrochen.

„Ich kann einen Regenwurm essen," sagte er plötzlich.

„Das kannst du nicht!"

Und wupps! hatte er den Wurm verschluckt

„Stig kann auch einen Regenwurm essen", schrien die Stiglinge und begannen, nach einem Regenwurm zu suchen.

Stig wurde blass um die Nase. Es schien, als sei Regenwurm nicht gerade seine Lieblingsspeise. Aber seine Anhänger hatten einen gefunden, und er musste ihn essen. Aber danach verschwand er hinter einem Baum.

Als er zurückkam, sah er sehr überlegen aus.

„Regenwürmer kann jeder essen. Ich aber bin vom Holzbudendach gesprungen. Den Rekord brichst du nicht!"

„Das macht er!", schrien die Albinisten. „Ich springe sogar vom Kuhstalldach", sagte Albin, aber ihn fröstelte.

„Bravo!", schrien die Albinisten. Die Leiter wurde zum Kuhstalldach geschleppt.

Albin zitterte, als er die Leiter hinaufkletterte. Wie klein sahen die Jungen da unten aus! Jetzt wollte er springen. Nein, es war entsetzlich. Seine Füße sprangen nicht!

„Er hat Angst!", schrie Stig triumphierend. „Zeig es ihm!", schrien die Stiglinge. „Zeig es ihm!"

Tja, das war nicht das, was sich Stig gedacht hatte.

„Stig traut sich auch nicht", höhnten

175 die Albinisten.
Da kletterte Stig auch auf das Dach.
Er sah hinunter und sagte eine Weile
gar nichts.
„Spring, Albin! Dann platzt Stig!", sti-
180 chelten die Albinisten.
„Spring, Stiggi! Dann lernt Albinchen
sich schämen!", gaben die Stichlinge
zurück.
Stig und Albin schlossen die Augen.
185 Zusammen taten sie den Sprung in
die Tiefe.
„Wie in aller Welt ist das nur zugegan-
gen?", fragte der Arzt, als er Albins
rechtes und Stigs linkes Bein geschient
190 hatte.
Stig und Albin sahen ihn verschämt

an.
„Wir wollten sehen, wer am höchsten
springen kann", murmelte Stig.
Dann lagen sie nebeneinander, jeder
in seinem Krankenhausbett und sa- 195
hen eigensinnig jeder in eine andere
Richtung. Aber, wie es so war, bald
schielten sie sich an und begannen
zu kichern, dann lachten sie so laut,
dass man es im ganzen Krankenhaus 200
hören konnte.
Und dann sagte Albin: „Wozu war
das eigentlich gut – vom Kuhstall zu
springen?"
Und Stig lachte: „Du, Albin, wozu 205
haben wir eigentlich die Regenwürmer
gegessen?"

Zeichne zu einer Szene aus der Geschichte ein Bild.

| **D** Lesen | Name: _____ | Datum: _____ |

Die Mutprobe
(Astrid Lindgren)

1. Wie heißen die beiden Hauptpersonen der Geschichte?

_____

2. Beschreibe das Verhältnis der Mütter zueinander.

_____

_____

3. Welche Mutproben sind auf den beiden Bildern dargestellt? Welche weiteren Mutproben machen Stig und Albin noch?

_____

_____

_____

4. Wer sind die Stiglinge bzw. die Albinisten? Welche Rolle spielen sie im Verlauf der Geschichte?

_____

_____

_____

5. Wie verändert sich die Beziehung von Stig und Albin am Ende der Geschichte?

_____

_____

6. Gib es in deiner Klasse Mutproben? Was hältst du davon?

_____

_____

_____

_____

7. Kennst du Figuren aus Astrid Lindgrens Romanen?

_____

_____

D Lesen | Lösung

Die Mutprobe
(Astrid Lindgren)

1. Wie heißen die beiden Hauptpersonen der Geschichte?

Stig und Albin

2. Beschreibe das Verhältnis der Mütter zueinander.

Seit der Geburt herrscht ein Wettstreit zwischen den Müttern, welcher Sohn etwas besser kann als der andere.

3. Welche Mutproben sind auf den beiden Bildern dargestellt? Welche weiteren Mutproben machen Stig und Albin noch? Ordne sie der Reihe nach.

Springen von einem Baum, vom Toilettendach, vom höchsten Bretterstapel beim Sägewerk, vom Holzbudendach; Essen eines Regenwurms; Springen vom Kuhstalldach

4. Wer sind die Stiglinge bzw. die Albinisten? Welche Rolle spielen sie im Verlauf der Geschichte?

Stiglinge = Anhänger von Stig; Albinisten = Anhänger von Albin. Jede Gruppe feuert ihren Anführer an und zwingt ihn dadurch zu immer riskanteren Mutproben, wenn er nicht verlieren möchte.

5. Wie verändert sich die Beziehung von Stig und Albin am Ende der Geschichte?

Erst im Krankenhaus lachen sie über ihre Mutproben und werden dadurch zu Freunden.

6. Welche Mutproben gibt es in deiner Klasse? Was hältst du davon?

Z. B. jemanden etwas wegnehmen, etwas verstecken.

Mutproben sind nur davon sinnvoll, wenn sie nicht gesundheits- und charaktergefährdend sind. Sie erfordern Überwindung und stärken den Willen.

7. Kennst du Figuren aus Astrid Lindgrens Romanen?

Pippi Langstrumpf, Ronja Räubertochter, Madita, Pelle, die Kinder von Bullerbü

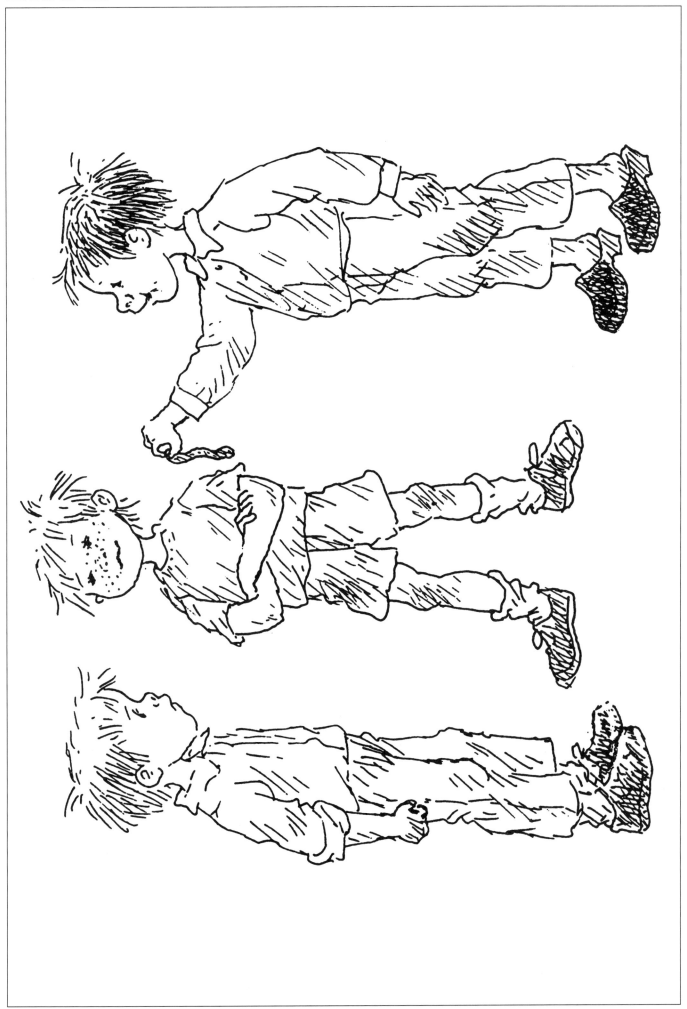

Thema
Till Eulenspiegel als Bäcker (Alfred Zacharias)

Lernziele
- Kennenlernen der humorvollen Geschichte „Till Eulenspiegel als Bäcker"
- Erfassen des Inhalts der Geschichte mit ihren humorvollen Textstellen
- Beurteilung der Sprache der Geschichte
- Wissen um die historische Person des Till Eulenspiegel
- Wissen um die Beziegung Till Eulenspiegels zu seinen Mitmenschen
- Fähigkeit zum sinnerfassenden und sinngestaltenden Lesen

Arbeitsmittel/Medien
- Textblätter 1/2: Till Eulenspiegel als Bäcker
- Textblatt 3: Wie Till Eulenspiegel in einem Bienenkorb schlief
- Bilder 1/2/3/4 für die Tafel: Till-Denkmal in Mölln/drei Szenen aus der Erzählung
- Wortkarten (3): Till Eulenspiegel/Tills Opfer/Volk
- Tafelbild
- Arbeitsblatt 1 mit Lösung (Folie)
- Arbeitsblatt 2: Übungen zur Steigerung der Lesekompetenz

Tafelbild/Folie

> ### Till Eulenspiegel als Bäcker (Alfred Zacharias)

Till wird als Bäckergeselle eingestellt.

Till bäckt Affen und Eulen.

Till verkauft seine Waren vor der Kapelle Sankt Nikolaus.

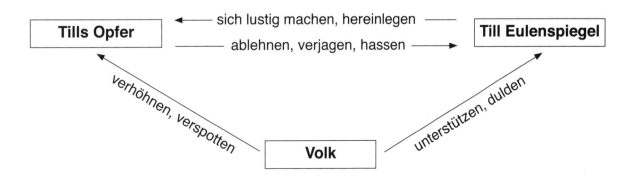

Lehrskizze

I. Hinführung

Stummer Impuls	Bild 1 Tafel	Till Eulenspiegel (Denkmal in Mölln bei Hamburg)
Aussprache		
Info für den Lehrer		Till Eulenspiegel soll um 1300 als Sohn von Claus Eulenspiegel und Anna Wibeke im Dorfe Kneitlingen bei Braunschweig geboren sein. Er lebte längere Zeit in Mölln bei Lübeck in der alten Rathausapotheke. Der Name „Eulenspiegel" kommt von 1335 an mehrfach in Braunschweig und Umgebung vor. Im plattdeutschen „Ulenspeygel" bedeutet der Name „ulen" = fegen, reinigen und „spiegel" = Spiegel. In der Jägersprache bedeutet der Name „Mach mir das Hinterteil sauber" bzw. „Leck mich am ...". 1350 ist Till Eulenspiegel in Mölln an der Pest gestorben.
Überleitung		L: Wir lesen eine Till Eulenspiegel-Geschichte.
Zielangabe	Tafel	**Till Eulenspiegel als Bäcker**

II. Textdarbietung

Lehrkraft liest vor	Textblätter 1/2	Till Eulenspiegel als Bäcker
Schüler lesen mit		

III. Arbeit am Text

Stummer Impuls	Bilder 2/3/4 Tafel	
Impuls		L: Fasse den Inhalt der Geschichte mithilfe der drei Bilder zusammen. Schreibe zu jedem Bild einen Satz.
Partnerarbeit		
Zusammenfassung		Till wird als Bäckergeselle eingestellt. Till bäckt Affen und Eulen. Till verkauft seine Waren vor der Kapelle Sankt Nikolaus.
Lehrerinfo		L: Till nimmt Anweisungen und Redensarten fast immer wörtlich. Dadurch entstehen oft lustige, manchmal auch bösartige Streiche.

IV. Wertung

Impuls		L: Was will Till mit seinen Streichen bezwecken?
Aussprache		Till stellt mit seinen Streichen die Dummheit seiner Mitmenschen bloß und deckt die Missstände seiner Zeit auf.
Lehrkraft entwickelt	Tafel Wortkarten (3)	Tills Opfer ⟷ Till Eulenspiegel → Volk →
Aussprache		Till Eulenspiegel ist dabei oftmals böse, spielt seinen Mitmenschen Streiche, die ekelerregend sind oder sogar den Tod oder Verletzungen anderer in Kauf nehmen.

V. Sicherung

Zusammenfassung	Arbeitsblatt 1	Till Eulenspiegel als Bäcker
Kontrolle	Folie	
	Arbeitsblatt 2	Übungen zur Steigerung der Lesekompetenz
Sinngestaltendes Lesen		

VI. Ausweitung

	Textblatt 3	Wie Till Eulenspiegel in einem Bienenkorb schlief
Sinnerfassendes/sinngestaltendes Lesen		

Alfred Zacharias
Till Eulenspiegel als Bäcker

Im Winter dieses Jahres kam ich wieder nach Braunschweig. Ich stand vor der Burg und unter dem erzenen Löwen davor, den Herzog Heinrich, der
5 Herr, hatte machen lassen. Ich sah das aufgesperrte Löwenmaul und wusste

nicht, sollte dies Brüllen oder Hunger bedeuten, denn das Erz ist schweigsam und sagt nichts. Ich hatte Hunger. Wie
10 ein lebendiger Löwe hätte ich brüllen können, doch wehte mir der Wind zu kalt, auch war der Ort nicht passend. Ich drückte mich in den krummen Gassen umher und blieb vor einem
15 Bäckerladen stehen. Da schaute der Bäcker heraus und rief mich hinein. Drinnen im Haus war es warm und roch nach frisch gebackenem Brot. Der Bäcker fragte mich: „Was bist du
20 für ein Geselle?"
„Herr, ich bin Bäckergeselle", musste ich antworten, anders wäre ich hier ein wirklicher Narr und Esel gewesen.
„Das ist recht", sagte der Bäcker,
25 „höre, ich habe gerade keinen Gesellen, willst du mir dienen, so bleib und geh in die Stube."
Ich antwortete: „Ja Herr, das will ich",

ging und setzte mich in die Stube, gemütlich auf die Ofenbank.   30
Kein frisches Brot hat mir je so geschmeckt als jenes, welches mir der Bäcker zu Braunschweig nun zu essen gab.
Ich hatte zwei Tage mit ihm gearbeitet,   35
da wollte er am Abend schlafen gehen und hieß mich, die Nacht über allein zu backen.
Ich fragte ihn: „Ja, was soll ich denn backen?"   40
Da rief der Bäcker zornig, mich zu verspotten: „Bist du ein Bäckergeselle und fragst erst, was du backen sollst? Was bäckt man denn, Eulen oder Affen?", schlug die Türe zu und ging   45
in seine Schlafstube.
Er sollte den Till kennenlernen. Ich machte aus dem Teig lauter Eulen und Affen und schob sie in den Backofen.
Am Morgen, als sie fertig waren, stellte   50
ich sie braun gebacken und reihenweise auf. Das war lustig im Kerzenlicht, als ob sie lebten. Ich lachte, tanzte auf und ab und sang einen Reim dazu:
„Eul und Affen schön gebacken, heut   55
werd ich mein Bündel packen!"
Der Bäcker kam, er suchte Semmeln und Wecken, doch fand er Eulen und Affen auf Schrank, Bank und Tisch und sonst kein Krümel Gebackenes.   60
Er wurde gleich zornrot: „Hol dich der Teufel, dass dich das Fieber packe!", schrie er. „Was hast du da getan?"
Ich erwiderte: „Eulen und Affen gebacken wie Ihr mich geheißen habt. Seht   65
nur, wie schön sie geworden sind."
Jetzt sprang er her zu mir, griff mir an den Hals und brüllte: „Was soll ich mit der Narretei tun, solches Brot taugt

70 zu nichts, kein Mensch gibt mir Geld dafür, bezahl mir meinen Teig." Ich antwortete und fasste seine Faust: „Sachte, lieber Meister, und nehmt erst eure Hand fort, sonst muss ich 75 auf andere Art mit euch sprechen. Ja, wenn ich euch den Teig bezahl, soll dann die Ware mir gehören, die davon gebacken ist?"

Nun wurde er ruhiger und sagte: „Was 80 frage ich nach solchem Zeug, zahl, nimm und geh und lass dich nicht mehr blicken in meinem Hause." Ich bezahlte den Teig, füllte einen großen Korb mit meinem Backwerk und trug 85 alles in die Herberge zum Wilden Mann.

Es war aber Sankt Nikolaus am andern Tag. Da stellte ich mich am Abend mit meiner Ware vor die Kapelle von Sankt Nikolaus. Nun war an diesem Tag ein 90 Fest für die Schulkinder, und die Leute kauften mir meine Affen und Eulen ab, sie ihren Kindern zu schenken. Buben und Mädel schrien vor Freude; solches Backwerk hatten sie noch nie 95 gesehen. Jedes Kind wollte eine Eule oder einen Affen nach Hause tragen. Mir blieb kein Stück im Korb, doch viel mehr Geld in meinem Beutel, als ich für den Teig bezahlt hatte. Ja, auch 100 der Bäcker kam gelaufen, er wollte noch Geld für das Holz und für die Benützung seiner Backstube haben. Ihr könnt euch denken, dass ihm Till keinen Pfennig mehr gab. Ich stülpte 105 ihm den leeren Korb über den Kopf, so war er im Finstern. Bis es ihm wieder heller wurde, war ich schon gassenweit gelaufen.

Zeichne eine Szene aus der Geschichte.

| **D** Lesen | **Name:** _____ | **Datum:** _____ |

Till Eulenspiegel als Bäcker
(Alfred Zacharias)

1. Welche Eigenschaften treffen auf Till Eulenspiegel zu? Streiche die nicht passenden Wörter durch.

schlau - habgierig - reizbar - listig - nachtragend - klug - grob - dumm - gutgläubig - mutig - einfältig - lustig - gerissen - gescheit

2. Warum treibt sich Till in Braunschweig herum?

☐ Er will dort die Burg besichtigen.
☐ Er ist auf Arbeitssuche, weil er Hunger hat.
☐ Er will den Winter in Braunschweig verbringen.

3. Warum stellt der Bäcker Till ein?

☐ Der Bäcker hat gerade einen Gesellen entlassen.
☐ Der Bäcker hat gerade keinen Bäckergesellen.
☐ Till gibt vor, ein Bäckergeselle zu sein.

4. Was bäckt Till in der Nacht?

_____

5. Warum kann Till sein eigenartiges Backwerk trotzdem verkaufen?

_____

_____

6. Was muss Till dem Bäcker bezahlen?

☐ den Korb   ☐ die Miete für die Backstube   ☐ den Teig   ☐ das Holz

7. Wie entstehen wie auch in dieser Geschichte die meisten Streiche Tills?

_____

_____

8. Kennzeichne die Sprache der Geschichte. Kreuze richtig an.

☐ ernst   ☐ witzig   ☐ humorvoll
☐ lustig   ☐ belehrend   ☐ schwierig
☐ traurig   ☐ einfach   ☐ lebendig

9. Wie heißt die Geschichte von Bild links?

_____

_____

D Lesen | Lösung

Till Eulenspiegel als Bäcker
(Alfred Zacharias)

1. Welche Eigenschaften treffen auf Till Eulenspiegel zu? Streiche die nicht passenden Wörter durch.

schlau - ~~habgierig~~ - ~~reizbar~~ - listig - ~~nachtragend~~ - klug - grob - ~~dumm~~ - ~~gutgläubig~~ - mutig - ~~einfältig~~ - lustig - gerissen - gescheit

2. Warum treibt sich Till in Braunschweig herum?

☐ Er will dort die Burg besichtigen.
☒ Er ist auf Arbeitssuche, weil er Hunger hat.
☐ Er will den Winter in Braunschweig verbringen.

3. Warum stellt der Bäcker Till ein?

☐ Der Bäcker hat gerade einen Gesellen entlassen.
☒ Der Bäcker hat gerade keinen Bäckergesellen.
☒ Till gibt vor, ein Bäckergeselle zu sein.

4. Was bäckt Till in der Nacht?

Till bäckt Eulen und Affen.

5. Warum kann Till sein eigenartiges Backwerk trotzdem verkaufen?

Till kann seine Eulen und Affen verkaufen, weil Nikolaustag war, alle Kinder sich

etwas wünschen durften und ihnen dieses Backwerk besonders gefiel.

6. Was muss Till dem Bäcker bezahlen?

☐ den Korb　　☐ die Miete für die Backstube　　☒ den Teig　　☐ das Holz

7. Wie entstehen wie auch in dieser Geschichte die meisten Streiche Tills?

Till nimmt Redensarten und Arbeitsanweisungen wörtlich. In dieser Geschichte

sagt der Bäcker: „Was bäckt man denn, Eulen oder Affen?"

8. Kennzeichne die Sprache der Geschichte. Kreuze richtig an.

☐ ernst　　☒ witzig　　☒ humorvoll
☒ lustig　　☐ belehrend　　☐ schwierig
☐ traurig　　☒ einfach　　☒ lebendig

9. Wie heißt die Geschichte von Bild links?

Wie Eulenspiegel in einem Bienenkorb schlief

D Lesen   Name: _____   Datum: _____

Till Eulenspiegel als Bäcker
Übungen zur Steigerung der Lesekompetenz

1. Wie wirkt die Erzählung auf dich? Kreuze an, was du als passend empfindest.

☐ gegliedert   ☐ leicht verständlich   ☐ viele Fremdwörter
☐ spannend   ☐ knappe Sätze   ☐ lange Sätze
☐ lustig   ☐ interessant   ☐ schwer verständlich
☐ unübersichtlich   ☐ kompliziert   ☐ Angst machend

2. Welcher Lesestil passt am besten zu dieser Geschichte?

• Genaues Lesen: Satz für Satz – manchmal auch Wort für Wort
• Suchendes Lesen: gezieltes Herausfinden von Informationen
• Überfliegendes Lesen: „Querlesen" des Textes

3. Auch dieser Text ist nicht einfach zu lesen, denn störende Linien verlaufen quer über das Blatt. Übe zuerst und lies dann deinem Partner vor. Er trägt seine Einschätzung in die Beurteilungsliste ein.

Jetzt sprang er her zu mir, griff mir an den Hals und brüllte: „Was soll ich mit der Narretei tun? Solches Brot taugt nichts, kein Mensch gibt mir Geld dafür, bezahl mir meinen Teig." Ich antwortete und fasste seine Faust: „Sachte, lieber Meister, und nennt erst eure Hand fort, sonst muss ich auf andere Art mit euch sprechen. Ja, wenn ich euch den Teig bezahl, soll dann die Ware mir gehören, die davon gebacken ist?"
Nun wurde er ruhiger und sagte: „Was frage ich nach solchem Zeug, zahl, nimm und geh und lass dich nicht mehr blicken in meinem Hause." Ich bezahlte den Teig, füllte einen großen Korb mit meinem Backwerk und trug alles in die Herberge zum Wilden Mann.
Es war aber Sankt Nikolaus am andern Tag. Da stellte ich mich am Abend mit meiner Ware vor die Kapelle von Sankt Nikolaus. Nun war an diesem Tag ein Fest für die Schulkinder und die Leute kauften mir meine Affen und Eulen ab, sie ihren Kindern zu schenken. Buben und Mädel schrien vor Freude; solches Backwerk hatten sie noch nie gesehen. Ein jedes wollte eine Eule oder einen Affen nach Hause tragen. Mir blieb kein Stück im Korb, doch viel mehr Geld in meinem Beutel, als ich für den Teig bezahlt hatte. Ja, auch der Bäcker kam gelaufen, er wollte noch Geld für das Holz und für die Benützung seiner Backstube haben. Ihr könnt euch denken, dass ihm Till keinen Pfennig mehr gab. Ich stülpte ihm den leeren Korb über den Kopf, so war er im Finstern. Bis es ihm wieder heller wurde, war ich schon gassenweit gelaufen.

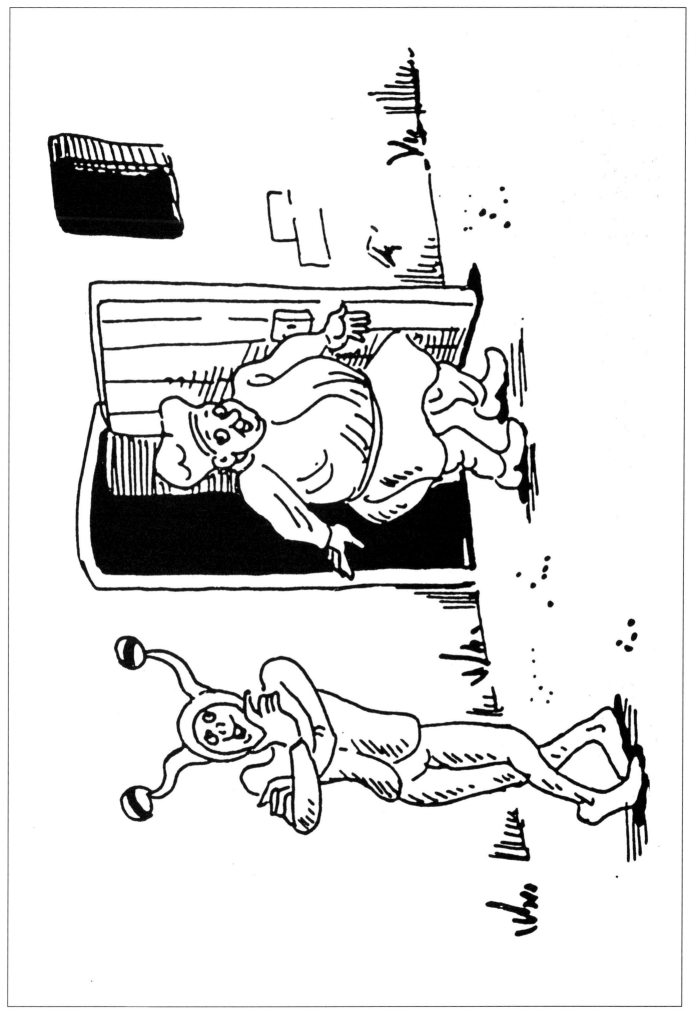

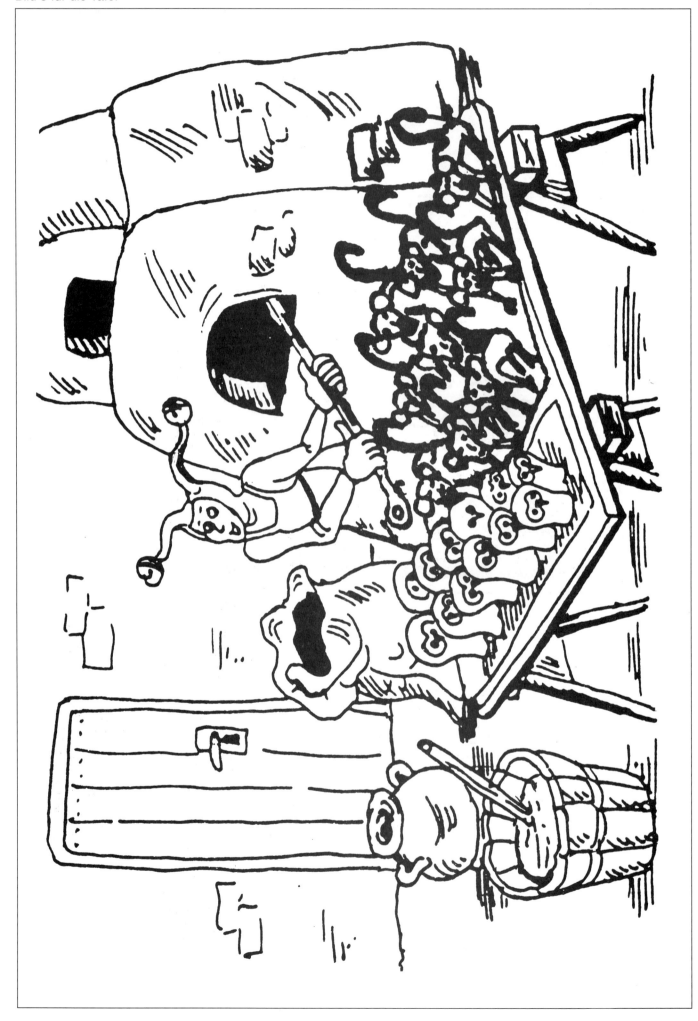

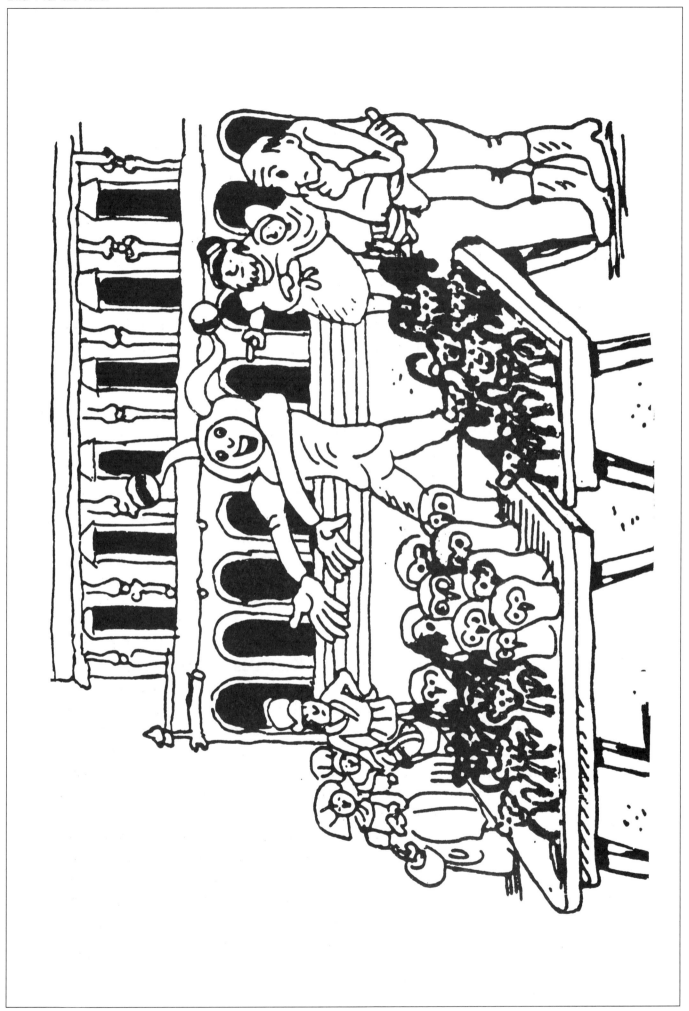

Hermann Bote

Wie Eulenspiegel in einem Bienenkorb schlief

Einmal begab es sich, dass Eulenspiegel mit seiner Mutter in ein Dorf zur Kirchweih ging. Und Eulenspiegel trank, bis er betrunken wurde. Da suchte er einen
5 Ort, wo er friedlich schlafen könne und ihm niemand etwas täte. Hinten in einem Hof fand er einen Haufen Bienenkörbe, und dabei lagen viele Bienenstöcke, die leer waren. Er kroch in einen leeren
10 Korb, der am nächsten bei den Bienen lag, und gedachte, ein wenig zu schlafen. Und er schlief von Mittag bis gegen Mitternacht. Seine Mutter meinte, er sei wieder nach Hause gegangen, da sie
15 ihn nirgends sehen konnte.
In derselben Nacht kamen zwei Diebe und wollten einen Bienenkorb stehlen. Und einer sprach zum anderen: „Ich habe immer gehört, der schwerste Bie-
20 nenkorb ist auch der beste." Also hoben sie die Körbe und Stöcke einen nach dem anderen auf, und als sie zu dem Korb kamen, in dem Eulenspiegel lag, war das der schwerste. Da sagten sie:
25 „Das ist der beste Bienenstock", nahmen ihn auf die Schultern und trugen ihn von dannen.
Indessen erwachte Eulenspiegel und hörte ihre Pläne. Es war ganz finster,
30 so dass einer den anderen kaum sehen konnte. Da griff Eulenspiegel aus dem Korb dem Vorderen ins Haar und riss ihn kräftig daran. Der wurde zornig auf den Hinteren und meinte, dieser hätte
35 ihn am Haar gezogen, und er begann, ihn zu beschimpfen. Der Hintermann aber sprach: „Träumst du, oder gehst du im Schlaf? Wie sollte ich dich an den Haaren rupfen? Ich kann doch kaum
40 den Bienenstock mit meinen Händen halten!" Eulenspiegel lachte und dachte:

Das Spiel will gut werden! Er wartete, bis sie eine weitere Ackerlänge gegangen waren. Dann riss er den Hinteren
45 auch kräftig am Haar, so dass dieser sein Gesicht schmerzlich verziehen musste. Der Hintermann wurde noch zorniger und sprach: „Ich gehe und trage, dass mir der Hals kracht, und du sagst, ich
50 ziehe dich beim Haar! Du ziehst mich beim Haar, dass mir die Kopfhaut kracht!" Der Vordere sprach: „Du lügst dir selbst den Hals voll! Wie sollte ich dich beim Haar ziehen, ich kann doch
55 kaum den Weg vor mir sehen! Auch weiß ich genau, dass du mich beim Haar gezogen hast!"
So gingen sie zankend mit dem Bienenkorb weiter und stritten miteinander.
60 Nicht lange danach, als sie noch im größten Zanken waren, zog Eulenspiegel den Vorderen noch einmal am Haar, so dass sein Kopf gegen den Bienenkorb schlug. Da wurde der Mann so zornig,
65 dass er den Immenstock fallen ließ und blindlings mit den Fäusten nach dem Kopf des Hintermannes schlug. Dieser ließ den Bienenkorb auch los und fiel dem Vorderen in die Haare. Sie
70 taumelten übereinander, entfernten sich voneinander, und der eine wusste nicht, wo der andere blieb. Sie verloren sich zuletzt in der Finsternis und ließen den Bienenstock liegen.
75 Nun lugte Eulenspiegel aus dem Korbe, und als er sah, dass es noch finster war, schlüpfte er wieder hinein und blieb darin liegen, bis es heller Tag war. Dann kroch er aus dem Bienenkorb und wusste nicht, wo er war. Er folgte
80 einem Weg nach, kam zu einer Burg und verdingte sich dort als Hofjunge.

Thema

Ratschläge (Jo Hanns Rösler)

Lernziele

- Kennenlernen der humorvollen Geschichte „Ratschläge"
- Erfassen des Inhalts der Geschichte
- Herausfinden von lustigen Textstellen
- Beurteilen der Ratschläge der Mitreisenden
- Einschätzung der Aussage des Arztes
- Fähigkeit zum sinnerfassenden und sinngestaltenden Lesen

Arbeitsmittel/Medien

- Textblätter 1/2
- Wortkarte: Hatschi
- Folie 1: Verfasserporträt
- Arbeitsblatt mit Lösung (Folie 2)
- Tafelbild
- Farbstifte

Tafelbild/Folie

Hatschi!

Ratschläge (Jo Hanns Rösler)

1. Wette um einen Euro
2. Sofort ins Bett gehen
3. Einen Kognak oder einen Slibowitz trinken
4. Ein Bonbon lutschen
5. Nasse Strümpfe anziehen
6. Mit beiden Fingern die Nasenflügel fest zusammenpressen
7. Die Luft anhalten
8. Heftig und tief einatmen

Arzt:
„Ich weiß kein Mittel gegen Schnupfen!"

Folie 1

Jo Hanns Rösler war ein deutscher Schriftsteller. Er wurde 1899 als Johannes Oswald Rösler in Königstein/Elbe geboren und starb 1966 in München. Er war ein produktiver und erfolgreicher Unterhaltungsschriftsteller, der mit seinen harmlos-versöhnlichen und humorvollen Geschichten vor allem die Leserschaft einer großen Zahl von Zeitschriften und Illustrierten ansprach. Daneben entstanden Romane und Filmdrehbücher.

Lehrskizze

I. Hinführung

Stummer Impuls	Wortkarte Tafel	Hatschi!
Aussprache		... niesen ... Schnupfen ...
Überleitung		L: Wie lesen eine Geschichte mit diesem Titel.
Zielangabe	Tafel	**Ratschläge (Jo Hanns Rösler)**
Kurze Lehrerinfo	Folie 1	Autorenporträt

II. Darbietung des Textes

Lehrkraft liest vor	Textblätter 1/2	Ratschläge
Schüler lesen mit		

III. Arbeit am Text

		L: Welche Fremdwörter kommen im Text vor?
Aussprache	Tafel	Kognak = nach der französischen Stadt Cognac benanntes alkoholisches Getränk (Branntwein)
		Slibowitz = ursprünglich aus Serbien stammendes alkoholisches Getränk aus Pflaumen
Arbeitsauftrag		L: Welche Ratschläge erhält der Ich-Erzähler?
Partnerarbeit/Gruppenarbeit		
Zusammenfassung	Tafel	1. Wette um einen Euro
		2. Sofort ins Bett gehen
		3. Einen Kognak oder einen Slibowitz trinken
		4. Ein Bonbon lutschen
		5. Nasse Strümpfe anziehen
		6. Mit beiden Fingern die Nasenflügel fest zusammenpressen
		7. Die Luft anhalten
		8. Heftig und tief einatmen
Impuls		L: Welche Antwort gibt der Arzt?
Aussprache	Tafel	Arzt: „Ich weiß kein Mittel gegen Schnupfen!"

IV. Wertung

Impuls		L: Warum gibt es kein Mittel gegen Schnupfen?
Aussprache mit Lehrerinfo		Der Verlauf einer Erkältung ist unterschiedlich. Die Beschwerden sollten sich nach drei bis sieben Tagen bessern und nach zwei Wochen praktisch verschwunden sein.
		Der eigentliche Auslöser ist jedoch eine Infektion mit Viren. Die Ansteckung erfolgt über eine Tröpfcheninfektion. Ausgehustete Erreger werden eingeatmet. Außerdem gelangen sie über die Hände auf die Schleimhäute von Mund, Auge und Nase, über die sie ebenfalls in den Körper gelangen können
Impuls		L: Vorbeugende Maßnahmen gegen Schnupfen?
Aussprache		

V. Sicherung

Zusammenfassung	Arbeitsblatt	Ratschläge
Kontrolle	Folie 2	
Sinngestaltendes Lesen		

VI. Ausweitung

Zeichnen einer Szene der Geschichte	Farbstifte Textblatt 2	

Jo Hanns Rösler
Ratschläge

Ich saß in der Eisenbahn und hatte Schnupfen. „Hatschi! Hatschi!", machte ich in einem fort. Es klang wie Posaunenstöße.

5 Ich konnte nichts dafür. Es kam aus mir.

Die Mitreisenden schauten zunächst beleidigt. Es geht nicht an, in einem öffentlichen Verkehrswesen so laut zu

10 niesen. Ja, wenn ich mir einen Sonderzug bestellt hätte! Aber so? Unter allen Leuten, die für ihre Plätze genau so viel bezahlt hatten wie ich? Wo kämen wir denn hin, wenn jeder so laut seiner

15 Leidenschaft nachgehen möchte?

Diese Gedanken sah man den Umsitzenden deutlich am Gesicht an. Ich fühlte mich von dieser Feindschaft förmlich eingekreist. Mein Glück war

20 nur, dass keiner keinen kannte und jeder jedem misstraute. Sonst wäre man über mich hergefallen und hätte mich bestimmt zerfleischt.

Nun, mir waren diese frommen Wünsche

25 ziemlich gleichgültig, ich war mit meinem Schnupfen so beschäftigt, dass mir zu anderen Dingen keine Zeit blieb. Ich musste niesen, und ich nieste.

Als ich eine Viertelstunde ununter-

30 brochen so fortgeniest hatte, begann die Feindseligkeit gegen mich in eine allgemeine Heiterkeit umzuschlagen. Es kam daher, dass ein Herr, der mir gegenübersaß, mir mehr empört als

35 freundlich ‚Prost!' zurief, so, als wollte er damit sagen: „Nun ist es aber genug! Schluss damit!" Ich tat ihm nicht den Gefallen und nieste weiter. Er wiederholte sein energisches, kurzes,

40 sachliches ‚Prost!', ich winkte verzweifelt ab, und jetzt begannen plötzlich alle, mir nach jedem Hatschi ein fröhliches Prost zuzurufen. Einmal ich und einmal sie. Es wurde ein herrlicher Chor, und ich war der Vorsänger. Einer

45 der Mitreisenden wollte sich besonders hervortun.

Er klopfte mir vergnügt auf das Knie und sagte: „Wenn Sie es bis zehn aushalten ohne zu niesen, kriegen Sie

50 einen Euro!" „Das Mittel nützt nur beim Schluckauf!", stöhnte ich.

Er wiederholte die Wette nicht. Ich hatte wieder dreimal geniest.

Jetzt aber hatte jeder ein Mittel an

55 der Hand.

„So etwas kenne ich!", rief P., „da hilft nur eines – sofort ins Bett gehen!"

„Mein Bett steht in München und wir sind in Freiburg!"

60

„Das beste ist Kognak!", riet T., „Slibowitz hilft auch, aber Kognak ist besser. Haben Sie Kognak bei sich?"

„Nein!", stöhnte ich.

Die alte Dame neben mir holte einen

65 Bonbon aus ihrer Handtasche.

„Lutschen Sie das Bonbon", sagte sie, „der Schnupfen ist wie weggeblasen!" Sie steckte mir einen Bonbon in den Mund.

70

Jedoch dort blieb es nicht. Beim nächsten Niesen flog es dem freundlichen Herrn gegenüber ins Gesicht.

„Es macht nichts", sagte dieser, bevor ich mich noch entschuldigen konnte,

75 „es hätte auch nichts geholfen – es gibt nur ein Mittel gegen Schnupfen: ziehen Sie nasse Strümpfe an!"

„Das nenne ich kühn behauptet und dumm dahergeschwätzt!", mengte sich

80 da ein Herr ins Gespräch, der bisher vornehm geschwiegen hatte.

„Von nassen Füßen bekommt man ja gerade Schnupfen! Es giht nur eines:
85 pressen Sie mit beiden Zeigefingern fest die Nasenflügel zusammen. Das hilft sofort."

Ich tat, wie mir geraten.

Jetzt nieste ich nicht nur, jetzt donnerte
90 es aus allen Öffnungen.

Der vornehme Herr schüttelte missbilligend den Kopf.

„Halten Sie die Luft an!"

„Im Gegenteil! Atmen Sie heftig und
95 tief!" Das ganze Abteil war ein Herz und eine Seele. Jeder gab mir einen anderen Rat.

Jeder wusste ein anderes Mittel gegen Schnupfen.

Nur einer saß schweigend im Abteil 100 und tat, als ob ihn das alles gar nichts anginge. Das fiel mir auf. In meiner Not wandte ich mich an ihn und sagte:

„Alle wissen ein Mittel gegen Schnupfen – warum raten Sie mir zu nichts?" 105

Da lächelte der Herr leise und sagte demütig:

„Ich weiß keines – ich bin Arzt."

Zeichne den Ich-Erzähler, wie er gerade niest.

| **D** Lesen | Name: _____ | Datum: _____ |

Ratschläge
(Jo Hanns Rösler)

1. Wo spielt die Geschichte?

_____

2. Der Ich-Erzähler hat ein Problem. Welches?

_____

3. Wie verhalten sich die Mitreisenden <u>zu Beginn</u> der Geschichte? Sie sind dem Ich-Erzähler gegenüber

☐ freundlich   ☐ hilfsbereit   ☐ feindselig   ☐ beleidigt   ☐ mitfühlend

4. Die Mitreisenden unterbreiten dem Ich-Erzähler zahlreiche Ratschläge. Zähle sie der Reihe nach auf.

   1. _____

   2. _____

   3. _____

   4. _____

   5. _____

   6. _____

   7. _____

   8. _____

5. Wer wird am Ende der Geschichte um Rat gebeten?

_____

6. Wie lautet seine Antwort? Schreibe sie wortgetreu auf.

_____

7. Wie lange dauert ein Schnupfen in der Regel?

_____

8. Welche vorbeugenden Maßnahmen gibt es gegen Schnupfen?

_____

_____

_____

D Lesen	**Lösung**

Ratschläge

(Jo Hanns Rösler)

1. Wo spielt die Geschichte?

Sie spielt in einem Eisenbahnabteil.

2. Der Ich-Erzähler hat ein Problem. Welches?

Er hat Schnupfen und muss sehr oft niesen.

3. Wie verhalten sich die Mitreisenden <u>zu Beginn</u> der Geschichte? Sie sind dem Ich-Erzähler gegenüber

☐ freundlich   ☐ hilfsbereit   ☒ feindselig   ☒ beleidigt   ☐ mitfühlend

4. Die Mitreisenden unterbreiten dem Ich-Erzähler zahlreiche Ratschläge. Zähle sie der Reihe nach auf.

   1. *Belohnung, wenn der Ich-Erzähler weniger oft niest*

   2. *Sofort ins Bett gehen*

   3. *Einen Kognak oder einen Slibowitz trinken*

   4. *Ein Bonbon lutschen*

   5. *Nasse Strümpfe anziehen*

   6. *Mit beiden Fingern die Nasenflügel fest zusammenpressen*

   7. *Die Luft anhalten*

   8. *Heftig und tief einatmen*

5. Wer wird am Ende der Geschichte um Rat gebeten?

Der Ich-Erzähler fragt einen Arzt um Rat.

6. Wie lautet seine Antwort? Schreibe sie wortgetreu auf.

„Ich weiß kein Mittel gegen Schnupfen!"

7. Wie lange dauert ein Schnupfen in der Regel?

Er dauert in der Regel eine Woche.

8. Welche vorbeugenden Maßnahmen gibt es gegen Schnupfen?

Hände oft waschen, viel Obst und Gemüse essen (Vitamin C), Durchnässung und kalte Füße vermeiden, Bewegung an frischer Luft

Thema

Tom stolziert die Straße hinab (Mark Twain)

Lernziele

- Kennenlernen der humorvollen Geschichte „Tom stolziert die Straße hinab"
- Erfassen des Inhalts der Geschichte mit ihren humorvollen Textstellen
- Wissen um den Begriff „Eskalation" beim Ablauf des Streitgesprächs
- Kenntnis über den Verfasser Mark Twain
- Kenntnis einer weiteren Geschichte „Tom streicht einen Zaun"
- Fähigkeit zum sinnerfassenden und sinngestaltenden Lesen

Arbeitsmittel/Medien

- Textblätter 1/2: Tom stolziert die Straße hinab
- Textblätter 3/4: Tom streicht einen Zaun
- Bilder 1/2 für die Tafel: Tom Sawyer/Rauferei
- Wortkarte: Eskalation
- Folie 1: Verfasserporträt Mark Twain
- Arbeitsblatt mit Lösung (Folie 2)

Tafelbild/Folie

Tom stolziert die Straße hinab (Mark Twain)

Eskalation

stufenweise Verschärfung
eines Konflikts

Tom gewinnt die Rauferei mit dem fremden Jungen, wird aber von
Tante Polly für das verspätete Nachhausekommen sehr hart bestraft.

Folie 1

Samuel Langhorne Clemens – besser bekannt unter seinem Schrift-
stellernamen **Mark Twain** – war ein amerikanischer Schriftsteller. Er
wurde 1835 in Florida geboren und starb 1910 in Redding. Er wurde
vor allem als Autor der Bücher über die Abenteuer von Tom Sawyer und
Huckleberry Finn bekannt. Berühmt wurde er besonders wegen seiner
humorvollen, von genauen Beobachtungen des sozialen Verhaltens ge-
prägten Erzählungen. Scharf kritisierte er die amerikanische Gesellschaft
und ihren Rassismus.

Lehrskizze

I. Hinführung
Stummer Impuls   Bild 1 Tafel   Tom Sawyer
Aussprache
Zielangabe   Tafel   **Tom stolziert die Straße hinab (Mark Twain)**
Lehrerinfo   Folie 1   Autorenporträt

II. Darbietung des Textes
Lehrkraft trägt vor   Textblätter 1/2   Tom stolziert die Straße hinab
Schüler lesen mit
Spontanäußerung
Klärung von Fremdwörtern

III. Arbeit am Text
Stummer Impuls   Bild 2 Tafel   Rauferei
Aussprache
Leitfragen   L: Wie unterscheiden sich die beiden Hauptpersonen?

Aussprache   L: Der Konflikt zwischen den beiden Jungen entwickelt sich stufenweise. Finde die einzelnen Schritte heraus.

Aussprache
Stummer Impuls   Tafel   Eskalation
stufenweise Verschärfung eines Konflikts
Lehrerinfo   L: Die stufenweise Verschärfung eines Konflikts nennt man mit einem Fremdwort Eskalation.
Impuls   L: Was bedeutet der letzte Satz?
Aussprache   Tafel   Tom gewinnt die Rauferei mit dem fremden Jungen, wird aber von Tante Polly für das verspätete Nachhausekommen sehr hart bestraft.

IV. Wertung
Impuls   L: Welche Textstellen findest du besonders lustig?
Aussprache
Impuls   L: Mark Twains Sprache ist lebendig und kraftvoll. Findest du Beispiele?

Aussprache
Impuls   L: Das Zwiegespräch hätte auch anders verlaufen können. Welche Möglichkeiten kannst du dir vorstellen?

Aussprache

V. Sicherung
Zusammenfassung   Arbeitsblatt   Tom stolziert die Straße hinab
Kontrolle   Folie 2
Sinngestaltendes Lesen

VI. Ausweitung
    Textblätter 3/4   Tom streicht einen Zaun
Sinnerfassendes und sinngestaltendes Lesen

Mark Twain

Tom stolziert die Straße hinab

Tom, der nicht gerade der Musterknabe des Ortes war, stolzierte, den Mund voll Harmonie und die Seele voller Dankbarkeit, die Straße hinab.
5 Der Sommerabend war lang. Es war noch nicht dunkel. Plötzlich hielt Tom mit Pfeifen inne. Ein Fremder stand vor ihm, ein Junge, nur eine Kleinigkeit größer als er. Nun war in dem kleinen
10 armseligen Ort St. Petersburg jede neue Erscheinung, welchen Alters oder Geschlechtes sie auch sein mochte, eine Sehenswürdigkeit.
Der Junge war gut angezogen –, für
15 einen Wochentag zu gut angezogen. Es war einfach verblüffend. Die Mütze war etwas ganz Feines, die eng zugeknüpfte blaue Jacke war nagelneu und die Hose ebenfalls. Er hatte Stiefel an, und es war
20 doch ein ganz gewöhnlicher Freitag. Ja, er trug sogar einen Schlips, ein buntes Stück Band. Er hatte ein städtisches Aussehen und es ging Tom bis ins Mark. Je länger er das strahlende Wunder
25 anstarrte, je sichtbarer er die Nase über sein Aussehen rümpfte, um so schäbiger und verwahrloster kam er sich in seinem eigenen Anzug vor.
Keiner von den beiden Jungen sagte
30 ein Wort. Wenn sich der eine bewegte, bewegte sich auch der andere, aber nur seitwärts und im Kreise. Die ganze Zeit standen sie Angesicht zu Angesicht, Auge in Auge. Schließlich sagte Tom:
35 „Ich kann dich verhauen."
„Das möchte ich mal sehen."
„Ich kann's aber."
„Nee, das kannst du nicht."
„Doch kann ich." „Du kannst nicht."
40 „Kann." „Kannst nicht."
Peinliche Pause. Darauf sagte Tom:
„Wie heißt du eigentlich?"

„Das geht dich gar nichts an."
„Wenn ich aber will, geht's mich wohl was an." 45
„Na, dann wolle doch!"
„Wenn du noch viel sagst, will ich."
„Viel, viel, viel! Na, und nun?"
„Du denkst wohl, du bist mächtig fein, was? Mit einer Hand könnt' ich dich 50 verhauen, wenn ich wollte."
„Warum tust du's denn nicht? Du sagst ja bloß immer du kannst es."
„Ich will's auch; wenn du denkst, du kannst mich dumm machen." 55
„So wie dich habe ich schon 'ne ganze Sippschaft vor mir gehabt."
„Affe! Du denkst wohl, du bist wer, was? Pah, was für ein Hut."
„Drück ihn doch ein, wenn er dir nicht 60 passt. Kannst ihn ja runterhauen. Wer's wagt, kann sich nachher die Pfoten lecken."
„Du bist ein Lügner." „Selber einer."
„Du bist ein Lügner. Willst dich keilen?" 65
„Los, mach dich weg!"
„Du, wenn du noch lange solchen Quatsch erzählst, nehme ich einen Pflasterstein und lass ihn auf deinem Kopf tanzen." 70
„Ganz sicher! Sonst nichts?"
„Ich tu's."
„Na, warum tust du's denn nicht? Du sagst doch die ganze Zeit, du willst. Warum tust du's denn nicht? Angst 75 hast du."
„Ich habe keine Angst."
„Hast doch Angst." „Ich hab' keine."
„Hast doch."
Erneute Pause. Noch mehr gegenseitiges 80 Beäugen und Umeinanderherumgehen. Schließlich standen sie Schulter an Schulter.
Tom fing wieder an: „Geh da weg."

85 „Geh doch selber weg."
„Ich will aber nicht."
„Ich auch nicht."
So standen sie, jeder einen Fuß zur Stütze quer vorgestellt, und beide scho-
90 ben mit aller Macht und blitzten sich voller Hass an. Aber keiner konnte einen Vorteil erreichen. Nachdem sie sich beide rot und heiß gerungen hatten, gab jeder mit gespannter Aufmerksamkeit
95 seine Stellung auf.
Tom erklärte: „Du bist ein feiger Hund. Ich werde meinen großen Bruder holen. Der verhaut dich mit seinem kleinen Finger. Ich werde schon aufpassen,
100 dass er's tut."
„Was geht denn mich dein großer Bruder an? Ich habe selber einen Bruder, der größer ist als er. Der wirft ihn glatt über den Zaun da."
105 „Das ist eine Lüge."
„Weil du es sagst, ist's noch lange keine."
Tom zog mit der großen Zehe einen Strich in den Sand und sagte:
110 „Nun wollen wir doch mal sehen, ob du tust, was du sagst."
„Komm du mir nicht zu nah." „Pass auf, du!" „Du hast doch gesagt, du tust es. Warum tust du's denn nicht?"
115 „Heiliger Strohsack, für fünf Pfennig tu ich's!" Der Neue zog ein paar Kupfermünzen aus der Tasche und hielt sie Tom verachtungsvoll hin.
Tom schlug sie zu Boden.
120 Im selben Augenblick fielen die Jungen und wälzten sich im Staube, inein-ander verschlungen wie zwei Katzen. Eine volle Minute zogen und zerrten sie sich an den Haaren und an den
125 Kleidern, pufften sich und zerkratzten sich die Nasen und bedeckten sich mit Schmutz und Ruhm. Schließlich nahm die Verknäuelung wieder feste Formen an. Aus dem Schlachtendunst erschien
130 Tom. Er saß rittlings auf dem Neuen

und bombardierte ihn mit Faustschlä-gen. „Haste genug?", fragte er.
Der Junge wand sich und suchte sich zu befreien. Er heulte, hauptsächlich aus Wut. „Haste genug?" Das Bom- 135 bardement wurde fortgesetzt. Schließlich brachte der Neue ein unterdrücktes ‚Genug' heraus. Tom ließ ihn aufste-hen und sagte: „Haste was gelernt, jetzt? Das nächste Mal sieh dir vorher 140 an, wen du dumm machen willst."
Der Neue zog ab. Er klopfte sich den Staub von den Kleidern, schluchzte und schnupfte dabei, wandte sich ab und zu kopfschüttelnd um und drohte Tom an, 145 was er mit ihm machen würde, wenn er ihn das nächste Mal zu fassen bekäme. Worauf Tom mit Hohngelächter antwor-tete und sich in Feiertagsstimmung von dannen trollte. Kaum aber hatte er den 150 Rücken gedreht, da hob der Neue einen Stein auf, warf und traf Tom zwischen den Schultern. Die Beine in der Hand, lief er davon wie ein Gamsbock. Tom jagte dem Verräter nach bis an sein 155 Haus und fand so wenigstens heraus, wo er wohnte. Eine Weile stand er am Gitter Posten und forderte den Feind auf, herauszukommen.
Aber der Feind lehnte es ab und schnitt 160 ihm Grimassen durchs Fenster.
Zu guter Letzt erschien die Mutter des Feindes, schalt Tom einen schlechten, bösen, gemeinen Bengel und hieß ihn gehen. Er ging auch, aber nicht ohne zu 165 erklären, dass er sich ‚erlauben' würde, den Jungen demnächst ‚abzupassen'. Diesen Abend kam er hübsch spät nach Hause. Als er behutsam zum Fenster hineinkletterte, entdeckte er 170 einen Horchposten in Gestalt seiner Tante. Angesichts des Zustandes seiner Kleider bekam ihr Entschluss, seinen freien Samstag in Gefangenschaft mit schwerer Arbeit zu verwandeln, dia- 175 mantene Härte.

| **D** Lesen | Name: _____ | Datum: _____ |

Tom stolziert die Straße hinab
(Mark Twain)

1. Tom trifft auf der Straße einen fremden Jungen. Beschreibe dessen Kleidung.

_____

_____

_____

2. Toms Ton wird immer aggressiver. Wie antwortet der fremde Junge?

„Ich kann dich verhauen." _____

„Wie heißt du?" _____

„Ich verhau' dich mit einer Hand!" _____

„Affe! Was für ein Hut!" _____

„Lügner!" _____

„Pflasterstein auf deinen Kopf!" _____

„Angst hast du!" _____

„Geh da weg!" _____

„Mir hilft mein großer Bruder!" _____

„Komm mir nicht zu nahe!" _____

„Für fünf Pfennig tu ich's!" _____

Tom schlägt die Münzen weg. _____

3. Wie reagiert Tante Polly auf Toms zu spätes Nachhausekommen?

_____

4. Wie heißt die Geschichte, die im Bild links unten dargestellt ist? Fasse sie in wenigen Sätzen zusammen.

_____

_____

_____

_____

_____

D Lesen	Lösung

Tom stolziert die Straße hinab
(Mark Twain)

1. Tom trifft auf der Straße einen fremden Jungen. Beschreibe dessen Kleidung.

Der fremde Junge trägt eine feine Mütze, eine neue blaue Jacke, eine neue Hose, Stiefel und einen bunten Schlips (Krawatte).

2. Toms Ton wird immer aggressiver. Wie antwortet der fremde Junge?

„Ich kann dich verhauen."	*„Nee, kannst du nicht!"*
„Wie heißt du?"	*„Das geht dich gar nichts an!"*
„Ich verhau' dich mit einer Hand!"	*„Warum tust du's denn nicht?"*
„Affe! Was für ein Hut!"	*„Kannst ihn ja runterhauen!"*
„Lügner!"	*„Selber einer!"*
„Pflasterstein auf deinen Kopf!"	*„Ganz sicher! Sonst nichts?"*
„Angst hast du!"	*„Ich hab' keine."*
„Geh da weg!"	*„Geh doch selber weg!"*
„Mir hilft mein großer Bruder!"	*„Meiner Bruder ist größer als deiner."*
„Komm mir nicht zu nahe!"	*„Warum tust du's denn nicht?"*
„Für fünf Pfennig tu ich's!"	*Er hält Tom die Münzen hin.*
Tom schlägt die Münzen weg.	*Beide beginnen zu raufen.*

3. Wie reagiert Tante Polly auf Toms zu spätes Nachhausekommen?

Tom darf am Samstag das Haus nicht verlassen und muss schwer arbeiten.

4. Wie heißt die Geschichte, die im Bild links unten dargestellt ist? Fasse sie in wenigen Sätzen zusammen.

Tom streicht einen Zaun

Tom gibt vor, dass Zaunstreichen toll ist. Ihm gelingt es, seine Freunde für diese Arbeit einzuspannen. Zudem verlangt er dafür noch eine Bezahlung.

Mark Twain

Tom streicht einen Zaun

Ein herrlicher Samstagmorgen brach
an. Die sommerliche Natur strahlte im
hellen Licht und manch einer hatte an
diesem wundervollen Tag ein frohes
5 Lied auf den Lippen.
Tom ging mit einem Eimer voll weißer
Farbe und einem riesigen Pinsel auf
den Weg vor dem Haus. Beim Anblick
des dreißig Meter langen Gartenzauns
10 schwand alle Fröhlichkeit aus seinem
Gesicht. Seufzend tauchte er den Pinsel in die Farbe ein und strich lustlos
über die oberste Latte. Nach wenigen
Pinselstrichen sank er entmutigt auf
15 einem Baumstumpf nieder und betrachtete die riesige Fläche, die noch
vor ihm lag.
Singend hüpfte Jim durchs Tor, einen
Blecheimer in der Hand. Sonst hasste
20 Tom das Wasserholen am Brunnen,
doch heute erschien es ihm geradezu
paradiesisch im Vergleich zu seiner
eigenen Arbeit. An der Pumpe ging
es lustig zu. Weiße und Schwarze,
25 Jungen und Mädchen trafen sich da.
Während sie darauf warteten, an die
Reihe zu kommen, tollten sie herum,
tauschten Spielsachen und lachten.
Obwohl die Pumpe nur hundertfünfzig
30 Meter entfernt lag, brauchte Jim immer
mindestens eine Stunde, bis er mit
dem gefüllten Eimer zurückkehrte. Oft
musste man ihn auch holen.
„Ich hole das Wasser für dich, wenn
35 du solange am Zaun weiterstreichst",
schlug Tom vor.
Doch Jim schüttelte den Kopf. „Geht
nicht, Master Tom. Die Missis hat
mich geschickt und gesagt, ich darf
40 nirgends stehen bleiben unterwegs."
„So redet sie doch immer, Jim. Hör
nicht auf sie. Gib mir den Eimer – ich

bleib keine Minute weg!"
„Ich trau mich nicht, Master Tom. Die
alte Missis reißt mir den Kopf ab." 45
„Die? Die kann doch keiner Fliege
was zuleide tun. Sie redet doch nur
davon und reden tut nicht weh. Oder?
Außerdem wird sie es nie erfahren.
Ich gebe dir auch eine weiße Murmel 50
dafür", lockte Tom.
Jim überlegte. Die Verlockung war zu
groß. Er setzte den Eimer ab und nahm
die weiße Murmel. Doch im nächsten
Augenblick floh er die Straße hinunter. 55
Tom strich den Zaun, was das Zeug
hielt. Triumphierend zog sich Tante
Polly vom Schlachtfeld zurück, den
Pantoffel in der erhobenen Hand.
Toms Arbeitseifer erlahmte rasch wie- 60
der. All die schönen Pläne, die er für
diesen Samstag gehabt hatte, gingen
ihm im Kopf herum. Bald würden die
anderen Jungen an ihm vorbeikommen
und ihn arbeiten sehen. Er konnte ihr 65
höhnisches Gelächter jetzt schon hören
und allein der Gedanke daran brannte
wie Feuer.
Während er darüber nachdachte, wie
er sich wenigstens eine Stunde völliger 70
Freiheit erkaufen könnte, schoss ihm
eine großartige Idee durch den Kopf.
Eine fabelhafte Idee!
So strich er ruhig und gelassen den
Zaun, als kurze Zeit später Ben Rogers 75
am Ende der Straße erschien. Ausge-
rechnet Ben, vor dessen Spott er sich
am meisten gefürchtet hatte. Ben aß
einen Apfel und bewegte sich in Form
eines Mississippi-Dampfers vorwärts. 80
Er war gleichzeitig Maschine, Kapitän
und Schiffsglocke. Als er herankam,
rief er: „Stoppt die Maschinen! Ding-
dong-ding-dong!"

85 Es dauerte eine Weile, bis er alle Befehle ausgeführt hatte. Tom strich an seinem Zaun und tat, als würde er den Dampfer nicht bemerken.

"Na, alter Junge, musst arbeiten,
90 was?" sprach Ben ihn an.

Tom gab keine Antwort. Er betrachtete seinen letzten Pinselstrich, als wäre es das Kunstwerk des Jahres. Dann trug er mit elegantem Schwung noch etwas
95 Farbe auf und vertiefte sich wieder in sein Werk. Ben stand interessiert neben ihm.

„Bist ganz schön beschäftigt, wie?", versuchte er es noch einmal.

100 „Ach, du bist es, Ben. Hab dich gar nicht bemerkt."

„Kommst du mit zum Schwimmen? Obwohl, vermutlich willst du lieber schuften!"

105 „Ich schufte doch nicht. Das mache ich aus Spaß."

„Du behauptest allen Ernstes, dass du das gerne tust?"

Tom bewegte den Pinsel kunstvoll auf
110 und ab.

„Warum denn nicht? Wann kriegt man denn schon mal eine Chance, einen ganzen Zaun alleine anstreichen zu dürfen!"

115 Das ließ die Angelegenheit in einem ganz anderen Licht erscheinen. Tom malte mit äußerster Eleganz weiter, verbesserte hier und da eine Kleinigkeit, während Ben ihn nicht aus den
120 Augen ließ. Die Sache interessierte ihn immer mehr.

„Lässt du mich auch mal?"

Tom zögerte kurz.

„Nein, das geht nicht, Ben! Tante
125 Polly ist furchtbar pingelig mit ihrem Zaun. Es wird kaum einen Jungen unter tausend geben, der es ihr recht machen könnte."

„Och, komm. Lass es mich doch we-
130 nigstens versuchen. Nur ein kleines Stückchen!"

Tom zierte sich noch ein wenig, aber als Ben ihm den Apfel dafür anbot, reichte Tom ihm scheinbar widerstrebend den Pinsel. Innerlich frohlockte er. 135
Und während das alte ‚Dampfschiff' in der Sonne arbeitete, saß der Künstler auf einem Fass im Schatten und aß genüsslich den Apfel. Im Laufe des Nachmittags schlenderten noch wei- 140
tere Jungen vorbei, die erst spotteten, um dann zu streichen.

Als Ben abgekämpft war, trat Tom die Malmöglichkeit an Billy Vischer ab, und zwar für einen ganz gut geflickten 145
Drachen. Als er fertig war, kaufte sich Johnny Miller das gleiche Recht für eine tote Ratte nebst einem Stück Bindfaden, an dem man sie baumeln lassen konnte. Und so ging's weiter, Stunde 150
um Stunde. Als der halbe Nachmittag um war, schwamm Tom, der doch noch am Morgen ein bedauernswerter, mit Armut geschlagener Junge gewesen war, buchstäblich im Wohlstand. Außer 155
den bereits erwähnten Gegenständen besaß er mittlerweile: zwölf Murmeln, ein Stück von einer Mundharmonika, einen Scherben blaues Flaschenglas zum Durchsehen, eine Spule, einen 160
Schlüssel, der nicht schloss, ein Stück Kreide, den Stöpsel von einer Wasserkaraffe, einen Zinnsoldaten, ein paar Kaulquappen, sechs Knallfrösche, ein Kätzchen mit nur einem Auge, einen 165
Messingtürknopf, ein Hundehalsband, aber ohne Hund, einen Messergriff, vier Stückchen Apfelsinenschale und einen alten zerbrochenen Fensterrahmen.

Dafür hatte er eine herrlich lustige, 170
faule Zeit gehabt und reichlich Gesellschaft; und der Zaun hatte einen dreifachen Anstrich bekommen. Wenn nicht die Farbe ausgegangen wäre, hätte Tom den letzten Jungen im Dorf 175
bankrott gemacht.

Thema	

Der Fuffzja (Jakob Elias Poritzky)

Lernziele

- Kennenlernen der humorvollen Geschichte „Der Fuffzja"
- Erfassen des Inhalts der Geschichte mit ihren humorvollen Textstellen
- Wissen um die soziale Situation zu Beginn des 20. Jahrhunderts in Berlin
- Fähigkeit, einen anderen Dialekt lesen und verstehen können
- Klärung verschiedener Begriffe aus dem Berliner Dialekt
- Fähigkeit zum sinnerfassenden und sinngestaltenden Lesen

Arbeitsmittel/Medien

- Textblätter 1/2
- Bild für die Tafel: 50-Pfennig-Münze (1920)
- Wortkarten (2): Fuffzja/Fümfzija
- Folie 1: Verfasserporträt Jakob Elias Poritzky
- Arbeitsblatt mit Lösung (Folie 2)
- Tafelbild
- 50-Cent-Münze

Tafelbild/Folie

Fuffzja	Fümfzija

Der Fuffzja (Jakob Elias Poritzky)

Ort: Berlin
Zeit: Anfang 20. Jahrhundert (um 1900)
Hauptpersonen: Friedchen, Ich-Erzähler (Student)

Folie 1

Jakob Elias Poritzky war ein deutscher Schriftsteller russischer Herkunft. Er wurde 1876 in Lomza im heutigen Polen geboren und starb 1935 in Berlin. 1901 heiratete Poritzky die Schriftstellerin Helene Orzolkowska. Aus der Ehe ging eine Tochter hervor. Lange Jahre arbeitete Poritzky als Sprecher und Moderator bei den ersten entstandenen Radiosendern in Deutschland. Dort las er eigene Erzählungen und Dichtungen vor. Poritzkys Ehefrau Helene und Tochter Ruth wurden 1942 nach Auschwitz gebracht und dort getötet.

Lehrskizze

I. Hinführung

Stummer Impuls	Wortkarten (2) Tafel	Fuffzja Fümfzija
Vermutungen		
L zeigt	50-Cent-Münze	
Vermutungen		
Stummer Impuls	Bild Tafel	50-Pfennig-Münze
Aussprache		... Fuffzja/Fümfzija = 50er ... 1920 ...
Überleitung		L: Lesen einer Geschichte im Dialekt
Zielangabe	Tafel	**Der Fuffzja (Jakob Elias Poritzky)**
Lehrerinfo	Folie 1	Verfasserporträt

II. Darbietung des Textes

Lehrervortrag	Textblätter 1/2	Der Fuffzja
Schüler lesen mit		
Spontanäußerungen		

III. Arbeit am Text

Klärung des Fremdworts	Tafel	Philologie = Sprachwissenschaften (Griechisch, Latein; Englisch usw.)
Leitfragen		L: Welcher Dialekt?
		Wo und wann spielt die Geschichte?
		Hauptpersonen?
Aussprache		
	Tafel	Berliner Dialekt
		Ort: Berlin
		Zeit: Anfang des 20. Jahrhundert (nach 1900)
		Hauptpersonen: Friedchen, Ich-Erzähler (Student)
Lehrer-Schüler-Gespräch		Übersetzung des Berliner Dialekts ins Hochdeutsche

IV. Wertung

Lehrerinfo		Berlin um 1900
		Soziale Situation: Arbeiterelend, Wohnungsnot, große Familien, geringes Einkommen

V. Sicherung

Zusammenfassung	Arbeitsblatt	Der Fuffzja
Kontrolle	Folie 2	
Sinngestaltendes Lesen		
mit Übungsphase		

Jakob Elias Poritzky

Der Fuffzja

Friedchen, das jüngste Mitglied einer siebenköpfigen Berliner Familie, bei der ich als Student der Philologie in Untermiete wohnte, kommt zu mir ge-
5 laufen und schießt gleich los.

„Also du – ick hab dir vorichten Sonntach vasprochen, enne scheene Jeschichte zu erzeehln."

„Vorigen."

10 „Meinswehjn vorigen."

„Meinetwegen."

„Na also. Soll ick?"

„Bitte!"

„Da war mah ne janz arme Familie,
15 die hatte nuscht zu essen."

„Nichts."

„Nee, nuscht, reine jarnuscht. Is ja 'n Märchen."

„Aha. Und die ganze Familie hatte
20 nichts zu essen, alle sieben?"

„Wieso siem?"

„Vater, Mutter und die fünf Kinder."

„Warn ja gar keene fümf Kinda."

„Ich dachte – so wie bei euch."

25 „Nee – warn sechse."

„Also acht."

„Nee – sechse."

„Und Vater und Mutter – macht zusammen acht."

30 „Nee – sechse mit die Eltern."

„Mit *den* Eltern."

„Saach ick ja."

„Nein. Du sagst ‚mit *die* Eltern'. Es heißt aber ‚mit *den* Eltern'."

35 „Nee – et heeßt ‚die Eltern'."

„Im Nominativ – ja, im ersten Fall. Aber im dritten Fall heißt es ‚den'. ‚Mit' verlangt nämlich den dritten Fall."

„Drittenfall kenn ick nich. Awa haste
40 mah den Wassafall jesehn am Kreuzberch, wenn da der Mond so schnafte

droff scheint?"

„Gehört das zu deiner Geschichte?"

„Hm. Mir warn mah docht, wie det Wassa so rumspritzte, und da saachte 45 Vata zu Muttan: ‚Mönsch, mia wichd janz iebel, wenn ick det ville Wassa seh, 'n kleena Korn is mia liewa wie de janze Ostsee'."

„Du sollst nicht so schrecklich berli- 50 nern. Erzähle lieber deine Geschichte weiter!"

„Wennde dauernd zwischen meckast!"

„Ich meckere nicht. Ich verbessere."

„Da saachte Ulrich –" 55

„Wer ist Ulrich?"

„Na, eena von die Brieda!"

„Einer von den Brüdern."

„Saach ick ja."

„Von welchen Brüdern?" 60

„Eena von die sechse."

„Von den sechs."

„Klar. Da saachte Ulrich: ‚Sonntach mach ick'n bißken raus nach de Müggel – da nehm ick ma 'n Boot un polier 65 de Wellen.' Da saachte Hujo –"

„Und wer ist Hugo?"

„Na, da Bruda von Ulrichen!"

„Schrei mich nicht so an!"

„Da saachte Hujo: ‚Du Ulrich, haste 70 nich ne Ziarette?'

Da saachte Ulrich: ‚'de halwe hättick noch, aawa die brauch ick sellwa.'

Da saachte Hujo: ‚Mach ma doch Kippe!' 75

Da saachte Ulrich: ‚Dia hat wohl een tobsichtja Affe jebissen?'

Da saachte Hujo: ‚Ick hab man bloß Angst, wenn ick dia eene kleistere, kennt dia Muttan nich wieda.' 80

Da saachte Ulrich: ‚Watt denn? Watt denn? Wenn ick dein' Kachtong streichle, denn kannste Himmelfahcht nicht von Weihnachten untascheidn'."

85 „Alles, was du da erzählst, ist falsch."

„Nee. Is allens richtij. Ick war ja sellwa bei."

„Ich denke, die Geschichte ist ein Märchen?"

90 „Meerchen! Moppe saacht, Meerchen sin Keese."

„Zu dir?"

„Zu Friedchen."

„Also zu dir."

95 „Wenn ick 'ne Jeschichte erzeehle, kann ick doch nich sellwa drinne vorkomm, wah?

Also da saachte Hujo zu Friedchen:

‚Nu loof mah hin zu dein' Doofkopp un erzeehl ihm die Geschichte! Denn 100 schenkt er dia jarantiert enn Fuffzja – einen Fümfzija."

„Aus?"

„Klar. Wat soll denn noch komm?"

„Hm. Und hat hernach der sogenann- 105 te Doofkopf dem Friedchen wirklich fünfzig Pfennig geschenkt?"

„Bis jetzt noch nich. Awa wat nich is, det kann ja noch wehrn."

Daraufhin holte ich meine Geldbörse 110 heraus. Auf solche Weise zu erfahren, dass ich ein Doofkopp bin, war mir immerhin einen Fümfzija wert.

Bild für die Tafel

D Lesen	Name: _____	Datum: _____

Der Fuffzja
(Jakob Elias Poritzky)

1. In welcher Stadt spielt die Geschichte?

_____

2. Welche zwei Personen unterhalten sich? Was erfährst
du über sie?

_____

_____

3. Der Dialekt ist nicht einfach zu verstehen. Übersetze folgende Wörter ins Hochdeutsche.

a. der Fuffzja/Fümfzija   _____

a. enne scheene Jeschichte   _____

b. keene fümf Kinda   _____

c. schnafte droff scheint   _____

d. mir warn mah docht   _____

e. mia wichd janz iebel   _____

f. awa was nich is, det ...   _____

4. Die Geschichte spielt Anfang des *20.* Jahrhunderts. Die soziale Situation in
Berlin war schlimm. Beschreibe das Bild.

_____

_____

_____

5. Übertrage folgende zwei Textstellen ins
Hochdeutsche. Schreibe auf deinen Block
oder in dein Heft.

① „Da saachte Ulrich: ‚Dia hat wohl een tobsichtja Affe jebissen?' Da saachte Hujo:
‚Ick hab man bloß Angst, wenn ick dia eene kleistere, kennt dia Muttan nich wieda.'
Da saachte Ulrich: ‚Watt denn? Watt denn? Wenn ick dein' Kachtong streichle, denn kannste
Himmelfahcht nicht von Weihnachten untascheidn'."

② „Wenn ick 'ne Jeschichte erzeehle, kann ick doch nich sellwa drinne vorkomm, wah?
Also da saachte Hujo zu Friedchen: ‚Nu loof mah hin zu dein' Doofkopp un erzeehl
ihm die Jeschichte! Denn schenkt er dia jarantiert enn Fuffzja – einen Fümfzija'."

D Lesen	**Lösung**

Der Fuffzja
(Jakob Elias Poritzky)

1. In welcher Stadt spielt die Geschichte?

Sie spielt in Berlin.

2. Welche zwei Personen unterhalten sich? Was erfährst du über sie?

• *Friedchen, jüngstes Kind einer siebenköpfigen Familie*

• *Ich-Erzähler, Student der Philologie*

3. Der Dialekt ist nicht einfach zu verstehen. Übersetze folgende Wörter ins Hochdeutsche.

a. der Fuffzja/Fümfzija   *der Fünfziger (50-Pf.-Münze)*

a. enne scheene Jeschichte   *eine schöne Geschichte*

b. keene fümf Kinda   *keine fünf Kinder*

c. schnafte droff scheint   *toll (klasse) draufscheint*

d. mir warn mah docht   *wir waren mal dort*

e. mia wichd janz iebel   *mir wird ganz übel*

f. awa was nich is, det ...   *aber was nicht ist, das ...*

4. Die Geschichte spielt Anfang des 20. Jahrhunderts. Die soziale Situation in Berlin war schlimm. Beschreibe das Bild.

Großfamilien müssen oft nur mit zwei kleinen Zimmern auskommen (Wohnungsnot, geringes Einkommen, Arbeiterelend).

5. Übertrage folgende zwei Textstellen ins Hochdeutsche. Schreibe auf deinen Block oder in dein Heft.

① *„Da sagte Ulrich: ‚Dich hat wohl ein tobsüchtiger Affe gebissen?' Da sagte Hugo: ‚Ich habe wirklich Angst, denn wenn ich dir eine runterhaue, kennst du die Mutter nicht wieder.' Da sagte Ulrich: ‚Was denn? Was denn? Wenn ich deinen Karton (Kopf) streichle, denn kannst du Himmelfahrt nicht von Weihnachten unterscheiden'.“*

② *„Wenn ich eine Geschichte erzähle, kann ich doch nicht selber in ihr vorkommen, was? Also da sagte Hugo zu Friedchen: ‚Nun lauf mal hin zu deinem Doofkopf und erzähle ihm die Geschichte! Dann schenkt er dir garantiert einen Fuffziger – einen Fünfziger'.“*

Thema

D' Sau (Fritz Müller-Partenkirchen)

Lernziele

- Kennenlernen der humorvollen Geschichte „D' Sau"
- Erfassen des Inhalts der Geschichte
- Herausfinden lustiger Textstellen
- Fähigkeit, einen anderen Dialekt lesen und verstehen können
- Fähigkeit zum sinnerfassenden und sinngestaltendem Lesen

Arbeitsmittel/Medien

- Textblätter 1/2
- Wortkarten (2): Sau/Schwein
- Bild für die Tafel: Schwein
- Folie 1: Verfasserporträt Fritz Müller-Partenkirchen
- Arbeitsblatt mit Lösung (Folie 2)
- Tafelbild

Tafelbild/Folie

D'Sau (Fritz Müller-Partenkirchen)

Sau	Schwein

Folie 1

 **Fritz Müller** war ein deutscher Schriftsteller. Er wurde 1875 in München geboren und starb 1942 in Hundham bei Miesbach. Er trat 16-jährig eine Kaufmannslehre an, machte nach zwölf Jahren Berufspraxis eine zweite Karriere als Handelslehrer und nachfolgend Leiter von städtischen höheren Handelsanstalten. Mit 40 Jahren absolvierte er ein Rechts- und Volkswirtschaftsstudium an der Universität Zürich und schrieb ab dieser Zeit erste Kurzgeschichten. Ab den 1920er-Jahren setzte er seine Karriere unter dem Künstlernamen Müller-Partenkirchen als Autor humoriger, autobiografischer Kaufmannsgeschichten und Romane fort. Er verlor durch eine Unfall eines seiner Beine, das andere blieb gelähmt.

Lehrskizze

I. Hinführung

Stummer Impuls	Bild Tafel	Schwein
Aussprache		
Stummer Impuls	Wortkarten (2) Tafel	Sau Schwein
Aussprache		
Überleitung		L: Lesen einer Geschichte im Dialekt
Zielangabe	Tafel	**D' Sau (Fritz Müller-Partenkirchen)**
Lehrerinfo	Folie 1	Verfasserporträt

II. Darbietung des Textes

Lehrervortrag	Textblätter 1/2	D' Sau
Schüler lesen mit		
Spontanäußerungen		

III. Arbeit am Text

Leitfragen		L: Welcher Dialekt?
		Wo und wann spielt die Geschichte?
		Hauptpersonen?
Aussprache		
		Bayerischer Dialekt
		Ort: Mitterdinghausen
		Zeit: Gegenwart
		Hauptpersonen: Lehrer, Schulrat, Schnalzer Alois, Schüler
Lehrer-Schüler-Gespräch		Übersetzung des Bayerischen Dialekts ins Hochdeutsche

IV. Wertung

Impuls		L: Welche Textstellen findest du besonders lustig?
Aussprache		
Impuls		L: Lies den Text auf Hochdeutsch. Wie wirkt er jetzt?
Aussprache		... nicht lustig ... gekünstelt ... man kann nicht lachen ...
Lehrer-Schüler-Gespräch		Wichtigkeit des Dialekts

V. Sicherung

Zusammenfassung	Arbeitsblatt	D' Sau
Kontrolle	Folie 2	
Sinngestaltendes Lesen		
mit Übungsphase		

Fritz Müller-Partenkirchen

D' Sau

In Mitterdinghausen ist Anschauungs-
unterricht. Laut Lehrplan ist auch das
Schwein vorzuführen. Im Bilde. Dass es
praktisch dieser Klasse mehr vertraut
5 ist als dem Unterrichtsminister selber,
befreit den Lehrer nicht von seiner
Vorführpflicht. Sein Zeigestecken klopft
auf Glanzbild: „Also, Kinder, hier haben
wir –"
10 „ – a Sau!", schreit die Klasse.
Der Lehrer überhört es. Ernst sagt er:
„Dies hier, Kinder, ist ein Schwein."
Die Klasse schaut ungläubig.
Der Schnalzer Alois ist der mutigste.
15 Er hebt den Finger.
„Aber bei ins z'Haus, Herr Lehrer –"
„Was bei euch zu Haus ist, ist nicht in
der Schule. Was ist das also, Alois?"
„A Sau."
20 „Es heißt nicht Sau, es heißt Schwein."
Das ist dem Schnalzer Alois doch zu
viel.
„Herr Lehrer", fährt er in die Höhe, „i
wer 's do kenna, dass dös a Sau is,
25 wo mia selber fünfe z'Haus hamm!"
„Ihr mögt Säue haben, in der Schule
hat man Schweine – was ist das also,
Kinder?"
„A Sau."
30 Nun ist's der Lehrer, dem's zu viel
wird: „Wenn ich euch sage, das da
ist ein Schwein, dann ist's ein Schwein
– verstanden."
Aus den Bänken nickt's. Sie kennen
35 diesen Ton. Der Stecken steckt dahinter oder eine Stunde Dableib'n.
„Also noch mal, Schnalzer Alois, was
ist das?"
„A – a – S – Schwein."
40 „Na, siehst du, aber sprich im ganzen
Satz."

„Dös – dös –"
„Schriftdeutsch, bitte ich mir aus: Dies
–?"
„Dies – diese Sau ist ein Schwein." 45
Dem Lehrer reißt die Geduld. Mit dem
Zeigestab fuchtelt er: „Das ist ja doch
eine – eine –"
Er schwankt zwischen Sauerei und
Schweinerei. 50
Aber da geht die Tür auf. Der alte
vergnügte Schulrat kommt herein:
„Nix für ungut, Herr Kollega, i muss
wieder nachschaun – Vorschrift halt
– a Hitz hat's heut, a Hitz". Er fährt 55
sich mit dem Taschentuch übers runde
Landgesicht.
„A Sauhitz!"
Die Klasse spitzt die Ohren.
Der Schulrat blinzelt lustig auf die 60
Tafel: „Also, was nehmen's heut durch,
Herr Kollega! – Aha, d' Sau."
„Herr Schulrat, wenn ich bitten dürfte,
laut Lehrplan –"
„– sollten S' heut den Löw'n durch- 65
nehmen, gell, oder den Ameisenbär
oder den Kasuar–?"
„Doch nicht, Herr Schulrat, heute ist
das Schwein hier fällig."
Er klopft bei dem betonten Schwein 70
vernehmlich auf das Tafelbild. Der
Schulrat putzt die Brille, beäugt das
dicke Tier und sagt anerkennend: „A
schöne Sau – na, Kinder, g'fällt s'
euch, die – die –" 75
„Sau!", brüllt die Klasse fröhlich.
„Herr Schulrat, nehmen Sie's nicht
übel, eben habe ich mit Müh und Not
der Klasse hochdeutsch eingebleut,
das da sei ein Schwein –" 80
„Ah so, ah so – no ja, Kinder, der Herr
Lehrer hat ganz recht, diese Sau ist

eigentlich ein Schwein – na, was willst denn, Kleiner?"

85 „I – i hab nur fragen wolln, warum dass d' Sau zwei Namen hat?"

„Hm, wie heißt du denn?"

„Alisi."

„Und noch?"

90 „Schnalzer." –

„Siehst es, du hast auch zwei Namen."

„Aber, aber ..."

„Und a Sau bist auch! Sonst hänget dir net so a Glock'n an der Nas'n; glei

95 putzt der's ab, du Wildsau!"

Die Klasse ist befriedigt. Der Schulrat ist befriedigt. Nur dem Lehrer bleibt ein ungelöster Rest.

„Herr Schulrat – ich finde, da ist doch ein Unterschied." 100

„Finden? – Unterschied? Also, Kinder, der Unterschied ist einfach der: Eine Sau ist ein Schwein für jene Leut', die was dabei finden. Und ein Schwein ist eine Sau für jene Leut', die nix dabei 105 finden. Ich find nix dabei – und jetzt Kinder, geht's schön heim, weil ich und der Herr Lehrer ..."

Er und der Lehrer sind allein.

Lachend schlägt der Herr Schulrat dem 110 andern auf die Schulter: „Na, Herr Kollega, machen S' koa so z'widers G'sicht. Dass S' mich als Schulrat hamm, ist ja – ist ja –"

„– ein Sauglück, Herr Schulrat, ein 115 Sauglück."

D Lesen	Name: _____	Datum: _____

D' Sau
(Fritz Müller-Partenkirchen)

1. In welchem Dialekt ist die Geschichte verfasst?

_____

2. Was versucht der Lehrer der Klasse beizubringen?

_____

_____

3. Übersetze die mundartlichen Ausdrücke unten ins Hochdeutsche.

- a Sau _____

- bei ins z'Haus _____

- i wer 's do kenna _____

- a Glock'n an der Nas'n _____

- koa so z'widers G'sicht _____

- glei putz der's ab _____

4. Suche Wortverbindungen mit „Sau".

_____

_____

_____

_____

5. Dialekte sind in vielen Gegenden Deutschlands im Abbau begriffen. Das ist sehr schade. Was sind die Stärken eines Dialekts?

_____

_____

_____

6. Welcher Dialekt wird bei dir zuhause gesprochen? Schreibe einige typische Dialektwörter und ihre Bedeutung auf.

_____

_____

_____

D Lesen	Lösung

D' Sau

(Fritz Müller-Partenkirchen)

1. In welchem Dialekt ist die Geschichte verfasst?

Sie ist im bayerischen Dialekt verfasst.

2. Was versucht der Lehrer der Klasse beizubringen?

Die Klasse soll das hochdeutsche Wort für „Sau", nämlich

„Schwein" lernen.

3. Übersetze die mundartlichen Ausdrücke unten ins Hochdeutsche.

- a Sau   *eine Sau (ein Schwein)*
- bei ins z'Haus   *bei uns zu Hause*
- i wer 's do kenna   *ich werde es doch kennen (wissen)*
- a Glock'n an der Nas'n   *eine Glocke (Rotzglocke) an der Nase*
- koa so z'widers G'sicht   *kein so verdrossenes Gesicht*
- glei putz der's ab   *gleich putzt du dir es ab*

4. Suche Wortverbindungen mit „Sau".

Wildsau, Sauhitze, saustark, saugemütlich, Saubär, Sau-glück, saugut, sauschlecht, Saustall, Muttersau, saublöd, Sauhund, versaut, sauteuer, versauen, saumäßig, Zucht-sau, Saukopf, Saufraß

5. Dialekte sind in vielen Gegenden Deutschlands im Abbau begriffen. Das ist sehr schade. Was sind die Stärken eines Dialekts?

Dialekte stärken das Zusammengehörigkeitsgefühl, haben mehr Farbe, bringen

Gefühle besser zum Ausdruck und bereichern den eigenen Wortschatz. Die Ver-

bundenheit zur eigenen Heimat wird gestärkt.

6. Welcher Dialekt wird bei dir zuhause gesprochen? Schreibe einige typische Dialektwörter und ihre Bedeutung auf.

schwäbischer Dialekt; a Guatsle = ein Bonbon, a aldbachas Gloid = ein aus der

Mode gekommenes Kleid, a babadeggl = ein Karton, a Lackel = grober Mensch,

hagabuacha = robust, halt dei Gosch = halt deinen Mund, Seggl = Depp

Thema

Unterschrift des Vaters! (Christine Nöstlinger)

Lernziele

- Kennenlernen der humorvollen Erzählung „Unterschrift des Vaters!"
- Fähigkeit, den Inhalt der Erzählung kurz wiederzugeben
- Klärung von Fremdwörtern
- Richtige Reihenfolge von Überschriften ordnen können
- Fähigkeit zur Beurteilung der Person des Lehrers Haslinger
- Fähigkeit zum sinngestaltenden Lesen

Arbeitsmittel/Medien

- Textblätter (4)
- Bild für die Tafel: Lehrer und Schüler
- Wortkarten (3): Lehrer Haslinger/Wolfgang Hogelmann/junger Aushilfslehrer
- Tafelbild
- Folie 1: Verfasserporträt Christine Nöstlinger
- Arbeitsblatt 1 mit Lösung (Folie 2)
- Arbeitsblatt 2 mit Übungen zur Steigerung der Lesekompetenz

Tafelbild/Folie

Unterschrift des Vaters! (Christine Nöstlinger)

Lehrer Haslinger

älterer Lehrer → beurteilt Wolfgang in Mathe schlecht → ist krank und wird vertreten → kommt zurück → hat keinen privaten Zorn auf Wolfgang → bemerkt sein Fehlurteil → bietet Wolfgang einen Ordnerdienst in Geografie an

Wolfgang Hogelmann

kannte Haslinger nicht → ärgerte ihn auf der Straße → wird in Mathe sehr schlecht → glaubt an den privaten Zorn von Haslinger → merkt erst nach dessen Rückkehr, dass das falsch ist → nimmt den Ordnerdienst an → findet Schule nicht mehr blöd

junger Aushilfslehrer

lobt Wolfgang → Wolfgang findet Lehrer prima → wird in Mathe mithilfe seiner Schwester besser

Folie 1

Christine Nöstlinger wurde 1936 in Wien geboren, wo sie auch heute noch lebt. Aufgewachsen im Arbeitermilieu der Wiener Vorstadt, studierte sie nach dem Abitur Gebrauchsgrafik an der Akademie für Angewandte Kunst. Sie heiratete und bekam zwei Töchter. Nöstlinger schrieb zunächst für Tageszeitungen, Magazine und den ORF. 1970 erschien ihr erstes Kinderbuch „Die feuerrote Friederike", für das sie auch selbst die Bilder zeichnete. Seitdem erschienen jedes Jahr Bilder-, Kinder- und Jugendbücher aus ihrer Feder in verschiedenen Verlagen. Christine Nöstlinger wurde für ihre Bücher mehrfach ausgezeichnet.

Lehrskizze

I. Hinführung

Stummer Impuls	Bild Tafel	Lehrer und Schüler am Globus
Aussprache		
Stummer Impuls	Wortkarten (2)	Lehrer Haslinger Wolfgang Hogelmann
Aussprache		
Überleitung		L: Kennenlernen einer Geschichte, in der diese beiden eine wichtige Rolle spielen.
Zielangabe	Tafel	Unterschrift des Vaters! (Christine Nöstlinger)

II. Darbietung des Textes

Lehrkraft/Schüler lesen vor	Textblätter 1/2/3/4	Unterschrift des Vaters!
Spontanäußerungen		

III. Arbeit am Text

Arbeitsauftrag		L: Was erfährst du über Lehrer Haslinger, was über Wolfgang Hogelmamm?
Partnerarbeit		
Zusammenfassung	Tafel	**Lehrer Haslinger** älterer Lehrer → beurteilt Wolfgang in Mathe schlecht → ist krank und wird vertreten → kommt zurück → hat keinen privaten Zorn auf Wolfgang → bemerkt sein Fehlurteil → bietet Wolfgang einen Ordnerdienst in Geografie an **Wolfgang Hogelmann** kannte Haslinger nicht → ärgerte ihn auf der Straße → wird in Mathe sehr schlecht → glaubt an den privaten Zorn von Haslinger → merkt erst nach dessen Rückkehr, dass das falsch ist → nimmt den Ordnerdienst an → findet Schule nicht mehr blöd
Impuls		L: Was ändert sich, als Wolfgang einen jungen Aushilfslehrer bekommt?
	Wortkarte	**junger Aushilfslehrer**
Aussprache	Tafel	lobt Wolfgang → Wolfgang findet Lehrer prima → wird in Mathe mithilfe seiner Schwester besser

IV. Wertung

Impuls		L: Die Geschichte hat einen überraschenden Schluss.
Aussprache		
Impuls		L: Weißt du ähnliche Beispiele aus deiner Schulzeit?
Aussprache		

V. Sicherung

Zusammenfassung	Arbeitsblatt 1	Unterschrift des Vaters
Kontrolle	Folie 2	

VI. Ausweitung

	Arbeitsblatt 2	Übungen zur Steigerung der Lesekompetenz
Sinngestaltendes Lesen		
	Folie 1	Autorenporträt
Aussprache		

Christine Nöstlinger
Unterschrift des Vaters!

Vor drei Wochen haben wir die letzte Mathe-Schularbeit zurückbekommen. Obwohl ich jedes Beispiel nur ein bisschen falsch gehabt habe, hat mir
5 der Haslinger einen Fünfer gegeben. Darunter hat er geschrieben: Unterschrift des Vaters.
Mit drei Rufzeichen dahinter.
Nun habe ich aber auf gar keinen Fall
10 dem Papa den Mathe-Fünfer zeigen können. Der Papa hat mir schon beim letzten Fünfer eine heruntergehauen, und er hat gesagt, wenn ich noch einen bekomme, dann darf ich nicht
15 mehr in den Schwimmverein gehen, und Taschengeld gibt er mir auch keines mehr.
Darum habe ich zu Hause den Fünfer nicht hergezeigt und in der nächsten
20 Mathestunde keine Vaterunterschrift gehabt. Der Haslinger hat mir als Strafe vier Rechenkästchen gegeben – auch mit Vaterunterschrift. In der nächsten Mathestunde habe ich dem
25 Haslinger die vier Kästchen und das Schularbeitsheft gegeben, aber weder die eine noch die andere Vaterunterschrift. Da hat der Haslinger die Strafe auf acht Kästchen erhöht. Auch
30 mit Vaterunterschrift. So ist das von Mathestunde zu Mathestunde mehr geworden. Und morgen hätte ich vierundsechzig Kästchen und sechs Vaterunterschriften gebraucht! Aber sechs
35 Vaterunterschriften sind sechsmal so schwer zu bekommen wie eine, und jetzt konnte ich überhaupt nicht mehr zum Papa gehen.
Für die Jungen in meiner Klasse, bis
40 auf meine Freunde natürlich, ist mein Krieg mit dem Haslinger eine gute Unterhaltung. Der Berti hat mit dem Schestak sogar eine Wette abgeschlossen. Wahrscheinlich würde ich
45 auch lachen, wenn es nicht gerade um mich ginge.
Es ist sicher sehr komisch, wenn der Haslinger zur Tür hereinkommt und „setzen" sagt, und dann schaut
50 er mich an und sagt: „Hogelmann, Wolfgang!"
Dann sage ich „ja, bitte", gehe zur Tafel vor und überreiche dem Haslinger die Rechnungen.
55 Der Haslinger schaut die Rechnungen durch und fragt: „Hogelmann, Wolfgang, wo sind die Unterschriften deines Vaters?"
Ich stehe da und schaue den Haslinger
60 nicht an, sondern ich starre auf den schwarzgeölten Parkettboden. Dort, wo ich immer stehe, ist ein Parkettbodenbrett locker. Wenn ich mit dem rechten Fuß fest auftrete, quietscht es laut.
65 Der Haslinger sagt: „Hogelmann, Wolfgang, hast du mir nichts zu sagen?"
Ich trete mit dem rechten Fuß fest auf und starre weiter auf den Boden. Dann schreit der Haslinger: „Ich warte auf
70 Antwort!"
Ich gebe dem Haslinger keine Antwort, weil ich wirklich nicht weiß, was ich sagen soll. Ich quietsche nur mit dem Parkettbodenbrett.
75 So nach ungefähr einer Minute brüllt dann der Haslinger: „Doppelt so viele Kästchen und setzen!"
Ich gehe in die letzte Bank zurück, der Haslinger rückt seine Krawatte zurecht,
80 drückt seine graue Brille fester auf die Nase und sagt keuchend zu den anderen: "Wir beginnen mit dem Un-

terricht!" Rechnen war nie meine starke Seite, aber für einen Dreier hat es
85 gereicht.

Voriges Jahr haben wir den Doktor Bauer gehabt. Der hat mir die Sachen, die ich nicht verstanden habe, immer wieder erklärt. So lange, bis ich es
90 begriffen habe. Aber den Haslinger kann ich nicht fragen, wenn ich etwas nicht verstehe. Mit dem Haslinger und mir ist alles verpfuscht. Der Haslinger hat nämlich keinen normalen Lehrer-
95 zorn auf mich, der hat seit drei Jahren einen ganz privaten Zorn auf mich. Er ist erst seit diesem Jahr in unserer Schule, aber ich kenne ihn, seit wir das Haus hier gekauft haben. Er wohnt
100 bei uns um die Ecke. Die Kinder in unserer Gasse nennen ihn ‚die graue Eminenz', weil alles an ihm grau ist. Die Haare, die Augen, die Haut, der Anzug und der Hut. Nur seine Zähne
105 sind gelb.

Ich habe nicht gewusst, dass er ein Mathe-Lehrer ist, und schon gar nicht, dass er einmal mein Klassenlehrer wird. Die anderen haben immer be-
110 hauptet, er ist ein Altwarenhändler.

Wenn der Haslinger, von dem ich damals noch gar nicht gewusst habe, dass er Haslinger heißt, so steif und grau durch unsere Gasse gegangen ist,
115 dann hat er mich immer gereizt. Und die anderen Kinder auch. Wir haben hinter ihm hergebrüllt.

Und angerempelt haben wir die „graue Eminenz" auch immer beim Vorbeige-
120 hen. Wir haben so getan, als ob wir stritten. Dann hat einer von uns einem anderen einen Stoß gegeben, und der andere hat sich auf die „graue Eminenz" fallen lassen. Dann hat er
125 „oh, entschuldigen Sie bitte" gesagt, und wir sind kichernd davongelaufen. Wie dann eines Tages unser Direktor in die Klasse gekommen ist und

hinter ihm der Haslinger, habe ich einen Heidenschreck gekriegt. Aber 130 die ganze, entsetzliche Wahrheit habe ich noch immer nicht begriffen. Ich habe geglaubt, der ‚grauen Eminenz' ist endlich die Geduld gerissen, sie will sich beschweren. Ich habe mir 135 überlegt, ob ich alles abstreiten oder zugeben soll, da sagt der Direx: „Moine lüben Knoben!" (Unser Direx hat es mit den Vokalen! Er verwechselt sie andauernd, weil er glaubt, dass das 140 vornehmer klingt).

Er sagt also: „Moine lüben Knoben! Euer lüber Doktor Bauer wurde heuer vörsötzt! Üch brünge euch hür den lüben Doktor Haslingör! Dör würd ob 145 jötzt euer Klossenlöhrer soin! Üch hoffö, ühr vörtrögt euch gut miteunander!"

Ich habe geglaubt, mich trifft der Schlag!

Der Haslinger hat ‚setzen' gesagt. Der 150 Direx hat ‚aufwüdersön' gesagt und ist gegangen.

Der Haslinger hat uns verlesen, und jeder hat aufstehen müssen, damit er uns kennenlernt. Wie er ‚Hogelrnann' 155 gerufen hat, ist mir nichts anderes übrig geblieben. Ich bin langsam aufgestanden.

Der Haslinger hat mich angeschaut und hat gesagt: „So, so, das ist also 160 der Hogelmann!" Mehr hat er nicht gesagt. Aber wie er geschaut hat, das hat mir genügt.

Seit gestern ist der Haslinger krank, irgendwas an der Leber, was lange 165 dauert. Wir haben in Mathe einen jungen Aushilfslehrer bekommen, der war prima. Er hat mich für einen guten Schüler gehalten. Wie der Berti ihm gesagt hat, dass ich der Schlechteste 170 in der Klasse bin, hat er sich mein Schularbeitsheft angeschaut. Er hat gemeint, das ist ihm ein Rätsel. Die anderen in meiner Klasse haben sich auch gewundert. Sie haben gesagt, so etwas bringt nur ein gottbegnadeter Nachhilfelehrer zustande. Und der Schestak, der außer mir der Schlechteste in der Klasse war, hat mich um die Adresse von dem gottbegnadeten Nachhilfelehrer gebeten. Er hat nicht glauben wollen, dass nur meine Schwester mit mir lernt. Er hat gesagt: „Das nimmt dir keiner ab, dass die tolle Zuckerpuppe auch noch rechnen kann!"

Ich habe mich gefreut, dass meine Schwester eine tolle Zuckerpuppe ist. In der Schule haben die Jungen aus meiner Klasse gesagt: „Der Wolfgang Hogelmann, der dreht durch!", weil ich auf einmal rechnen kann.

Das hat mich ermuntert. Noch mehr ermuntert hat mich die Tatsache, dass der Haslinger gesichtet wurde, im Gang. In der fünften Stunde ist er dann tatsächlich in unsere Klasse gekommen. Er hat hundsmiserabel ausgesehen, und er hat mindestens zehn Kilo weniger gehabt. Und zitronengelb war er im Gesicht von der Leberkrankheit.

Der Haslinger hat sich an den Lehrertisch gesetzt. Sonst hat er immer beim Unterricht gestanden. „So, da bin ich wieder", hat er gesagt.

Wahrscheinlich hat er gehofft, wir freuen uns. Aber es hat sich keiner gefreut, weil der junge Lehrer ein lustiger Mensch war.

Dann hat der Haslinger zum Schestak gesagt: „Schestak, berichte, was während meiner Abwesenheit durchgenommen wurde!"

Der Titus wollte berichten. Doch der Slawik Berti hat dazwischengeschrien: „Bitte, Herr Doktor Haslinger, die Rechnungen und die Unterschriften vom Hogelmann!"

Der Haslinger hat sinnend geblickt. Er hat so ausgesehen, als müsste sich der Haslinger mühsam erinnern, von welchen Rechnungen und welchen Unterschriften die Rede ist.

Ich bin aufgestanden und habe gesagt: „Bitte, ich habe nicht gewusst, dass wir Sie heute haben!"

Der Haslinger hat zu mir „Ja, ja" gesagt, und dann hat er mich angeschaut und hat erklärt: „Der junge Herr Kollege, der mich während meiner Krankheit vertreten hat, hat mir heute morgen extra berichtet, dass er dich nicht für einen mathematischen Versager, sondern für einen guten Rechner hält! Hogelmann, komm heraus und berichte den Stoff!"

Der Titus hat sich glücklich niedergesetzt, und ich bin zur Tafel gegangen. Ich habe gerechnet bis zum Läuten. Ich habe mich nur ein einziges Mal geirrt, und das war bei einer Kleinigkeit. Je länger ich gerechnet habe, desto gelber und müder ist der Haslinger im Gesicht geworden. Und als es geläutet hat, hat er zu mir gesagt: „Willst du mir bitte in das Geografiekabinett folgen!"

Ich bin dem Haslinger ins Geografiekabinett gefolgt. Dort ist der Haslinger immer in der Pause und wenn er gerade keine Unterrichtsstunde hat. Er geht nie zu den anderen Lehrern ins Konferenzzimmer.

Der Haslinger hat sich zu einem großen Globus gestellt und hat den Globus gedreht. Er hat gesagt: „Du hast dich während meiner Abwesenheit sehr verbessert, sehr verbessert!"

Dann hat er gesagt, dass er ein alter Mann ist, und krank ist er auch. Und siebenunddreißig Schüler in einer Klasse sind viel zu viel. Und früher war er auch lustiger. Und er kann sich leider nicht um jeden einzelnen kümmern.

265 Ich habe gedacht: Lieber Haslinger, ich kann mich nicht beklagen, dass du dich zu wenig um mich gekümmert hast!

Ich habe aber begriffen: Der Haslinger 270 grämt sich. Der glaubt, der junge Lehrer hat mir das Rechnen beigebracht. Und er ist verstört, weil ich bei ihm nicht hab' rechnen können.

Ich habe dem Haslinger gesagt, dass 275 ich jeden Tag wie ein Wilder mit meiner Schwester gerechnet habe, oft stundenlang.

„Aha, ach so", hat der Haslinger gemurmelt. Er hat nicht mehr so müde 280 ausgesehen. „Aha, ach so, mit dem Fräulein Schwester! Stundenlang!" Und hinzugefügt hat er noch: „Siehst du, ohne Fleiß kein Preis!" Dann hat er wieder den Globus gedreht.

285 Ich habe nicht gewusst, ob ich noch dableiben soll oder schon wieder gehen kann. Ich wollte ihn gerade danach fragen, da sagte er: „Möchtest du Geografie-Ordner bei mir werden?"

290 Eigentlich wollte ich überhaupt kein Ordner werden, weil ich keine Lust habe, die Globen abzustauben und die Landkarten aufzurollen, aber ich konnte doch das Ehrenamt nicht abschlagen.

295 Ich habe „ja, ja, gerne" sagen müssen. Der Haslinger hat mir gezeigt, wie man die Karten am ordentlichsten aufrollt und die Globen am sorgfältigsten säubert und wie man die Reliefe in die 300 Fächer legt, dass sie keinen Schaden erleiden. Dabei hat er mir erzählt, er hat bis jetzt so einen sauberen, tüchtigen Ordner gehabt, aber leider ist der ein Fahrschüler, einer, der mit dem 305 Zug zur Schule fährt, weil er so weit weg wohnt. Und dem Fahrschüler sein Zug fährt jetzt früher, und der saubere Ordner versäumt den Zug, wenn er die Globen weiter abstaubt.

Dann schaut mich der Haslinger 310 plötzlich an und fragt: „Aber du, Hogelmann, du bist doch hoffentlich kein Fahrschüler? Oder?"

„Ich? Nein! Nein! N-e-i-n", stottere ich. 315

„Wohnst du weit von der Schule entfernt?", fragt der Haslinger.

„Nein", antworte ich, „ich wohne bei der alten Stadtkirche um die Ecke herum!" „So ein Zufall", sagt der 320 Haslinger, „dort in der Nähe wohne ich auch!"

Ich bin wie im Traum aus dem Geografiezimmer gekommen. Ich habe gedacht: Der Haslinger hat ja gar 325 keine Ahnung gehabt, wo ich wohne! Der Haslinger hat mich also gar nicht wiedererkannt! Der Haslinger hat also nur einen ganz gewöhnlichen Lehrerzorn auf mich gehabt! 330

Ich habe meine Schultasche aus der Klasse geholt. In der Klasse war keiner mehr. Die Unterredung mit dem Haslinger hat ja lange gedauert.

Ich bin die drei Stockwerke hinunterge- 335 rannt und habe den Klassikergipsköpfen an den Treppenabsätzen zugenickt. Und unten im Vorhaus von der Schule, zu der die besseren Schüler Aula sagen, bin ich stehengeblieben und 340 habe laut ‚bääähhh' gemacht.

Unser Unterhausmeister, der die Öfen heizt, ist vorbeigekommen. „Hast du so eine Wut, dass du ‚bääähhh' machst?", hat er mich gefragt. 345

„Aber nein", habe ich gesagt, „die Schule ist gar nicht so blöd, wie man manchmal glaubt!" Sonst brauche ich immer mindestens zwölf Minuten für den Heimweg. Diesmal habe ich es in 350 sieben Minuten geschafft.

| **D** Lesen | **Name:** _____ | **Datum:** _____ |

Unterschrift des Vaters!
(Christine Nöstlinger)

1. Die Geschichte gliedert sich in fünf Abschnitte. Bringe die fünf Überschriften der Abschnitte in die richtige Reihenfolge? Verbinde richtig.

①   • Der Aushilfslehrer
②   • Die Fünf in Mathe
③   • Die Aussprache
④   • Das Missverständnis
⑤   • Die Strafarbeit

Reliefkarte

2. Was bedeuten folgende Fremdwörter? Schlage nach.

• Graue Eminenz = _____

• Relief = _____

• Kabinett = _____

3. Was ist mit „Klassikergipsköpfen" gemeint?

_____

_____

4. Die Erzählung hat einen überraschenden Schluss. Erkläre.

Friedrich Schiller

_____

_____

_____

5. Welche Textstellen wirken auf dich lustig?

_____

_____

_____

6. Beurteile den Lehrer Haslinger.

_____

_____

_____

_____

D Lesen	**Lösung**

Unterschrift des Vaters!
(Christine Nöstlinger)

1. Die Geschichte gliedert sich in fünf Abschnitte. Bringe die fünf Überschriften der Abschnitte in die richtige Reihenfolge? Verbinde richtig.

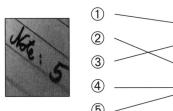

①   ● Der Aushilfslehrer
②   ● Die Fünf in Mathe
③   ● Die Aussprache
④   ● Das Missverständnis
⑤   ● Die Strafarbeit

Reliefkarte

2. Was bedeuten folgende Fremdwörter? Schlage nach.

- Graue Eminenz = *Hoheit, wichtige Persönlichkeit im Hintergrund*

- Relief = *aus einer Fläche Hervorstehendes (z. B. Gebirge in einer Flachkarte)*

- Kabinett = *abgeschlossener Arbeitsraum*

3. Was ist mit „Klassikergipsköpfen" gemeint?
Köpfe (Büsten) von berühmten geschichtlichen Persönlichkeiten
(z. B. Schiller, Goethe, Mozart) aus Gips, Stein, Marmor u. a.

Friedrich Schiller

4. Die Erzählung hat einen überraschenden Schluss. Erkläre.
Im Gespräch mit Herrn Haslinger findet Wolfgang heraus, dass dieser ihn gar
nicht erkannt hat. Als der Lehrer meint, ihn falsch eingeschätzt zu haben, wider-
spricht Wolfgang und begründet seine Leistungssteigerung mit Fleiß.

5. Welche Textstellen wirken auf dich lustig?
• Quietschen mit dem Brett des Parkettbodens

• Aussprache des Direktors („Moine lüben Knoben")

• Schwester als tolle Zuckerpuppe, die auch noch rechnen kann (Ironie)

6. Beurteile den Lehrer Haslinger.
Herr Haslinger ist ein älterer Lehrer. Er ist
streng, hat einen Befehlston, will es ruhig
in der Klasse und legt Wert auf Distanz zu
seinen Schülern. Nach seiner Krankheit
wirkt er zwar müde, ist aber nicht mehr so
streng.

D Lesen	**Name:** _____	**Datum:** _____

Unterschrift des Vaters!
Übungen zur Steigerung der Lesekompetenz

1. Wie wirkt die Erzählung auf dich? Kreuze an, was du als passend empfindest.

☐ gegliedert   ☐ leicht verständlich   ☐ viele Fremdwörter
☐ spannend   ☐ knappe Sätze   ☐ lange Sätze
☐ lustig   ☐ interessant   ☐ schwer verständlich
☐ unübersichtlich   ☐ kompliziert   ☐ Angst machend

2. Welcher Lesestil passt am besten zu dieser Geschichte?

- Genaues Lesen: Satz für Satz – manchmal auch Wort für Wort
- Suchendes Lesen: gezieltes Herausfinden von Informationen
- Überfliegendes Lesen: „Querlesen" des Textes

3. Auch dieser Text ist nicht einfach zu lesen, denn störende Linien verlaufen quer über das Blatt. Übe zuerst und lies dann deinem Partner vor. Er trägt seine Einschätzung in die Beurteilungsliste ein.

Der Haslinger hat sich zu einem großen Globus gestellt und hat den Globus gedreht. Er hat gesagt: „Du hast dich während meiner Abwesenheit sehr verbessert, sehr verbessert!"

Dann hat er gesagt, dass er ein alter Mann ist, und krank ist er auch. Und siebenunddreißig Schüler in einer Klasse sind viel zu viel. Und früher war er auch lustiger. Und er kann sich leider nicht um jeden einzelnen kümmern. Ich habe gedacht: Lieber Haslinger, ich kann mich nicht beklagen, dass du dich zu wenig um mich gekümmert hast!

Ich habe aber begriffen. Der Haslinger grämt sich. Der glaubt, der junge Lehrer hat mir das Rechnen beigebracht. Und er ist verstört, weil ich bei ihm nicht hab' rechnen können.

Ich habe dem Haslinger gesagt, dass ich jeden Tag wie ein Wilder mit meiner Schwester gerechnet habe, oft stundenlang.

„Aha, ach so", hat der Haslinger gemurmelt. Er hat nicht mehr so müde ausgesehen. „Aha, ach so, mit dem Fräulein Schwester! Stundenlang!" Und hinzugefügt hat er noch: „Siehst du, ohne Fleiß kein Preis!" Dann hat er wieder den Globus gedreht.

Thema

Bärenfang (Rudolf Hagelstange)

Lernziele

- Kennenlernen der humorvollen Erzählung „Bärenfang"
- Fähigkeit, den Inhalt der Erzählung kurz wiederzugeben
- Herausfinden der humorvollen Textstellen
- Wissen, wo die Erzählung ins Unwahrscheinliche führt
- Wissen um die Absicht des Verfassers, dem Leser „einen Bären aufzubinden"
- Fähigkeit zum sinnentnehmenden und sinngestaltenden Lesen

Arbeitsmittel/Medien

- Textblätter (4)
- Bilder 1/2/3 für die Tafel: Yosemite-Tal/Bär/Bär im Auto
- Wortkarten (5): Personen/Ort/Inhalt/einen Bären aufbinden/Lügengeschichte
- Tafelbild
- Folie 1: Verfasserporträt Rudolf Hagelstange
- Arbeitsblatt 1 mit Lösung (Folie 2)
- Arbeitsblatt 2 mit Übungen zur Steigerung der Lesekompetenz

Tafelbild/Folie

Bärenfang (Rudolf Hagelstange)

Ort

Yosemite-Natur-
park in den USA

Inhalt

Drei Freunde wollen im Yosemite-Nationalpark einen Bären fangen. Das gelingt ihnen auf zufällige und abenteuerliche Weise, wobei sie am Ende den betrunkenen Bären auf dem Rücksitz ihres Autos beim Sheriff abliefern.

Personen

- Bob
- James
- Ich-Erzähler
- Bär
- Sheriff

Lügengeschichte

einen Bären aufbinden

Folie 1

Rudolf Hagelstange wurde 1912 in Nordhausen geboren. Er studierte in Berlin, arbeitete für eine Zeitung und veröffentlichte Gedichte. Nach dem 2. Weltkrieg siedelte er nach Westfalen, dann 1948 an den Bodensee über. Als freier Schriftsteller reiste er rund um den Erdball. Hagelstange erhielt zahlreiche literarische Auszeichnungen. Er starb 1984 in seiner Zweitwohnung in Hanau.

Lehrskizze

I. Hinführung

Stummer Impuls	Bilder 1/2 Tafel	Yosemite-Tal / Bär
Aussprache		
Info Lehrkraft		Der Yosemite-Nationalpark liegt in den Vereinigten Staaten von Amerika. Er wurde 1864 geschaffen. Er liegt in Kalifornien, etwa 300 Kilometer östlich von San Francisco und ist 3108 Quadratkilometer groß.
Überleitung		L: Kennenlernen einer Geschichte
Zielangabe	Tafel	**Bärenfang (Rudolf Hagelstange)**
Info Lehrkraft	Folie 1	Autorenporträt

II. Darbietung des Textes

Lehrkraft/Schüler lesen	Textblätter 1/2/3/4	Bärenfang
Spontanäußerungen		
Klärung der Fremdwörter		Chesterkäse = englischer Käse
		Gin = farbloser Wacholderschnaps
		Tonic Water = Erfrischungsgetränk mit leicht bitterem Geschmack
		aggressiv = angriffslustig, streitsüchtig
		panisch = angsterfüllt, kopflos, heftig
		Manipulation = Beeinflussung
		Instinkt = angeborenes Verhalten
		Cherry = Kirschlikör
		Protokoll = Niederschrift

III. Arbeit am Text

Stummer Impuls	Wortkarten (3)	**Ort:** Yosemite-Nationalpark in den USA
Aussprache		**Personen:** Bob, James, Ich-Erzähler, Bär, Sheriff
		Inhalt: Drei Freunde wollen im Yosemite-Nationalpark einen Bären fangen. Das gelingt ihnen auf zufällige und abenteuerliche Weise, wobei sie am Ende den betrunkenen Bären auf dem Rücksitz ihres Autos beim Sheriff abliefern.
Impuls		L: Welche Textstellen sind für dich lustig?
Aussprache		

IV. Wertung

Stummer Impuls	Bild 3 Tafel	Bär fährt Auto
Aussprache		... ist nicht möglich ...
Impuls		L: Finde Aktionen, die für dich kaum möglich sind.
Aussprache		
Impuls		L: Welche Art Geschichte liegt vor?
Aussprache		
Stummer Impuls	Wortkarten (2)	Lügengeschichte einen Bären aufbinden
Aussprache		
Aussprache		L: Kennst du weitere Lügengeschichten? ... Münchhausen, Till Eulenspiegel, Schildbürger ...

V. Sicherung/Ausweitung

	Arbeitsblatt 1	Bärenfang
Kontrolle	Folie 2	
	Arbeitsblatt 2	Übungen zur Steigerung der Lesekompetenz
Zusammenfassendes Lesen		

Rudolf Hagelstange
Bärenfang

„Lasst uns Bären fangen!", sagte ich zu meinen beiden amerikanischen Freunden Bob und James, mit denen ich eines schönen Maimorgens von Le-
5 wistown, einem kleinen Städtchen am Fuße der Sierra Nevada, ins Gebirge aufgebrochen war, um die wildromantischen Naturschutzgebiete des Yosemite-Tales kennenzulernen. Wir hatten
10 das vorsintflutliche Auto von James – er hatte es vor achtzehn Jahren einem trunkfreudigen Wanderprediger im Spiel abgewonnen – am Straßenrand gestoppt und saßen in der Sonne,
15 verzehrten das mitgebrachte Frühstück: Weißbrot, gekochte Eier, Honig, den in Papier gewickelten Chesterkäse, und weil wir zu bequem waren, den kleinen Benzinkocher zu einem Tee oder Kaf-
20 fee in Gang zu setzen, begannen wir gleich mit Gin und Tonic Water. Das erste Glas – ein Drittel Gin, zwei Drittel Wasser – hatten wir schon hinter uns. Das zweite – halb Gin, halb Wasser
25 – ging eben zur Neige. Das dritte, das James, der irischer Abstammung und ein unheimlicher Säufer war, jetzt einschenkte, bestand schon zu zwei Dritteln aus Gin und zu einem Drittel
30 aus Tonic Water. „Wir sind auf dem besten Wege, uns langsam jeder einen Affen anzutrinken", brummte er zufrieden.
„Was sollen wir da mit einem Bären
35 anfangen?" Bob, der sich gerade kunstvoll Honigfäden auf sein Brot träufelte, bemerkte sachlich: „Die Bären stehen unter Naturschutz. Du darfst ihnen kein Härchen ihres Pelzes krümmen.
40 Sie befinden sich im Range etwa eines Forstbeamten. Außerdem: wir haben ja nicht einmal eine Pistole."
„Fangen!" sagte ich, „nicht jagen!"
„Wenn wir nur ein Schlückchen Glück haben", meinte James, sein Glas halb 45 leerend, „werden wir den einen oder anderen Bären ohnedies unterwegs treffen. Wir werfen ihm dann ein paar Bonbons aus dem Wagen oder einen Riegel Schokolade. Dann fahren wir 50 weiter, sonst werden die Burschen aufdringlich oder aggressiv – vor allem, wenn sie merken, dass du ein Deutscher bist, der auf Bärenfang aus ist." Er wog die leere Ginflasche in 55 der Hand und warf sie dann im hohen Bogen ins Gebüsch. „Hol eine neue", sagte er zu Bob.
Bob ging an den Wagen – nun ja … Wagen ist vielleicht etwas übertrieben, 60 wenigstens für heutige Begriffe. Natürlich hatte er vier Räder und eine komplette Karosserie; man hätte ihn sogar als Limousine bezeichnen können.
Aber das Modell zu beschreiben, fällt 65 schwer. Im vorderen Orient laufen gelegentlich noch Taxis solcher Bauart. Bremsen und Gashebel waren noch seitlich zu schalten. Die Vorder- und Hintersitze waren durch verschiebbare 70 Glaswände voneinander getrennt. Einen Kofferraum gab es nicht. Unser Proviant lag ziemlich wahllos in einer Holzkiste neben dem Fahrersitz. Bob entnahm ihr eine Flasche, schraubte 75 sie auf und goss jedem ein.
„Wir sollten uns nicht zu sehr besaufen", sagte ich leicht missbilligend.
Aber James brummte etwas von einem Spaßverderber, und Bob sagte ruhig: 80 „Wir frühstücken doch nur."
Als jeder von uns das sechste Glas

gefrühstückt hatten, schlug ich vor, ein paar Schritte in den Wald zu tun.

85 James knurrte, aber dann stand er doch auf. Wir ließen alles liegen und stehen, wie es lag und stand, und zogen los. Es waren reizende Burschen, aber auf Ordnung gaben sie

90 nichts. Als wir nach zwanzig Minuten zurückkamen, war es geschehen. Ich ging einige Schritte voraus und sah sofort, dass irgend jemand sich im Wagen zu schaffen machte. Ich

95 legte den Finger an die Lippen, und von hinten her pirschten wir uns an den Wagen heran. „Nicht zu glauben!", fauchte James und schlug ein Kreuz. „Wie kriegen

100 wir den raus?" „Ich hätte doch die Tür zuschlagen sollen", flüsterte Bob schuldbewusst. Aber ich dachte mir: Wie gut, dass sie aufblieb. Halblaut aber sagte ich:

105 „Das lässt sich nachholen." Ich hieß Bob und James stehenbleiben, schlich an, war mit einem Sprung an der Tür und schlug sie zu. Gott sei Dank war das Fenster geschlossen.

110 Aber, was ich erwartet hatte, blieb aus. Der Bär, das Honigglas in den Tatzen haltend, wandte zwar flüchtig seinen Kopf – wie ein Schalterbeamter, den man höflich anspricht, – fuhr aber

115 gleich wieder unbekümmert fort, mit seiner riesigen, dunkelroten Zunge das Glas auszulecken. Immerhin trat ich sofort zurück. James' Wagentür schloss so schlecht, dass

120 sie leicht – oder eine lange Weile überhaupt nicht aufging. Etwa zehn Schritte vom Wagen entfernt beratschlagten wir. „Noch ist er friedlich", sagte James, „aber wenn er fertig ist,

125 kann sich das ändern. Er ist leider sehr groß. Wir dürfen ihn nicht reizen." „Wenn er rauskommt", meinte Bob, „wird es brenzlig. Wohin dann?"

Wir dachten nach. Schließlich sagte ich: „Es gibt nur einen Platz, an dem 130 wir wirklich sicher sind, den Wagen selbst. Wir müssen hinten einsteigen, die Türen fest schließen und warten, bis er geht. Oder ihn vertreiben." „Ich denke, du wolltest ihn fangen", 135 sagte James bissig. Aber er sah wohl ein, dass ich recht hatte. Der Bär hatte das Glas geleert und kramte in der Kiste herum, die griffbereit neben ihm stand. Er entdeckte 140 die Schokolade und begann, sie zu fressen. Währenddessen stiegen wir leise hinten ein, ohne dass der Bär Notiz davon nahm. Wir saßen etwas beklommen 145 nebeneinander und beobachteten ihn, wie er jetzt einen Käse zerbiss, wobei ihm das Papier, das sich auf einem Schneidezahn festgespießt hatte, zu schaffen machte. Als er sich unter 150 einigem Gebrumm davon befreit hatte, griff er eine der Flaschen. James stöhnte auf, als er sah, dass es die Whisky-Flasche war. In seiner Eifersucht klopfte er sogar an die Scheibe, 155 und der Bär wandte sich diesmal um. Seine Augen blitzten etwas tückisch. Nach einigen vergeblichen Versuchen, den Inhalt in die Kehle zu befördern, riss er die Kapsel mit seinen Zähnen 160 ab und begann hingebungsvoll zu trinken. Aber plötzlich schien ihm der unbekannte Saft so in den Gedärmen zu brennen, dass er die Flasche fallen ließ und zu toben begann. Er warf sich 165 auf dem Sitzpolster hin und her, hieb gegen die Tür, riss am Steuerrad, an den Gängen, und plötzlich merkten wir, dass sich der Wagen – sacht, ganz sacht – in Bewegung setzte. Die Straße 170 war leicht abschüssig, und breit war sie auch. Es war das natürlichste von der Welt, dass wir fuhren! Nun aber, da wir fuhren, schien der Bär zu er-

175 fassen, dass er gefangen war, und das
jagte ihm einen panischen Schrecken
ein.
Er versuchte, sich aus seiner Haft zu
befreien, hieb und tastete um sich,
180 machte sich auch immer wieder an
der Tür zu schaffen, wollte durch die
Fenster, die er nicht begriff, versuchte
es wieder an der Türe – die hatte
sich diesmal entschlossen zu klem-
185 men –, und bei all diesem Hin und
Her gewann der Wagen an Fahrt und
lief infolge der regellosen Manipula-
tionen des Fahrers im Zickzack, mal
nach rechts, mal nach links, stoppte
190 plötzlich, weil der Bär den Bremshebel
getroffen hatte, setzte sich wieder in
Bewegung, weil der Fahrer ihn nicht
festhielt, und so rollten wir mit langsam
zunehmender Geschwindigkeit dahin,
195 wobei es zunächst ein Wunder schien,
dass wir nicht im Gebüsch landeten.
Aber noch wunderbarer war, dass der
Bär mehr und mehr die Funktion des
Steuerrades zu begreifen schien, das er
200 anfangs sehr willkürlich bediente, dann
jedoch auf ähnliche Weise handhabte,
wie zum Beispiel die radelnden Bären
im Zirkus ihre Lenkstange. Er hatte
seine Tatzen aufs Steuerrad gelegt,
205 rutschte unruhig mal nach rechts,
mal nach links, brummte grimmig
dabei, aber im Ganzen erwies er sich
doch als ein einigermaßen gelehriger
Fahrschüler. Nichtsdestoweniger brach
210 uns der Schweiß aus den Poren, und
wir suchten uns in abgerissenen Sätzen
über einen Ausweg zu beraten.
„Aufmachen und rausspringen!", meinte Bob. „Mein schöner Wagen!", schrie
215 James, entsetzt über diesen Vorschlag.
„Die Vordertür öffnen", schlug ich vor,
„damit er rausfällt!"
„Versuch's!", schrie James.
Ich öffnete die Hintertür, Bob hielt

mich dabei fest. Die Vordertür klemmte 220
natürlich. Wir hatten Not, die Hintertür
wieder zu schließen. Währenddessen
wütete der Bär wie ein Besessener,
und wohl weil sein Hinterteil nicht
für menschliche Sitzgelegenheiten 225
geschaffen war, rutschte er plötzlich
vom Polster nach unten und kam
mit seinem ganzen Gewicht auf den
Bremshebel zu liegen. Die Bremsen
quietschten, wir flogen durcheinander, 230
der Wagen bockte, schütterte und
stand. „Raus!", schrie Jarnes, riss die
rechte Hintertür auf und stürzte in den
Wald. Bob rannte ihm nach. Ich war in
Versuchung, das gleiche zu tun, aber 235
irgendein Instinkt sagte mir, dass es
sinnlos sei, den Bären in seiner Lage
zu belassen, und zugleich schien es
mir dumm, das bisher so glücklich
verlaufene Abenteuer kopflos abzubre- 240
chen. War er nicht gefangen? Und nun
sollten wir ihn laufen lassen? Der Bär
brüllte jetzt. Er versuchte verzweifelt,
sich aus seiner Lage zu befreien. Es
galt also, keine Zeit zu verlieren. 245
Ich sprang hinaus und legte rasch
einen Stein vor das linke Vorderrad.
Dann schob ich – mich durch die offene Hintertür in den Wagen beugend
– das halbe Zwischenfenster beiseite, 250
schnalzte mit der Zunge und redete
dem Bären gut zu. Es gab keinen
Grund dafür, dass der Bär, der vom
Sitz gerutscht war, nicht irgendwie
wieder hinaufgelangen sollte, und so 255
kam also der Bär schließlich wieder
unter dem Steuerrad hervor, kletterte
auf das Sitzpolster, und weil er nun
einmal am Klettern war, stieg er in
den weitaus geräumigeren hinteren Teil 260
des Wagens, durch dessen offene Tür
er das Freie witterte.
Ich schlug rasch die Tür zu und riss,
während der Bär in den hinteren Teil

265 des Wagens plumpste, die rechte Vordertür auf und schob das Zwischenfenster wieder zu, nicht ohne die Flasche Cherry, die wir noch mit uns führten, auf den Hintersitz geworfen 270 zu haben. Diese, zu zwei Drittel noch voll, hatte einen Korken, an dem noch Bestandteile des leicht gesüßten Alkoholsaftes klebten. Jedenfalls griff der Bär die Flasche, leckte an ihr, 275 riss den locker sitzenden Pfropfen mit den Zähnen heraus und süffelte sie erst zögernd und misstrauisch, dann aber befriedigt grunzend aus. Ich stürzte aus dem Wagen, schrie nach 280 James und Bob, die sich eben wieder neugierig hinter den Bäumen zeigten, stieß den Stein fort, der das linke Vorderrad blockierte, stieg rasch ein und versuchte, während ich immerfort 285 „Einsteigen! Einsteigen!" schrie, den Motor in Gang zu bringen. Der streikte natürlich. Als Bob und James jedoch in einem verzweifelten Entschluss zu mir hereinsprangen, lösten sich die 290 Bremsen, wir rollten los, und nun sprang auch der Motor an. Wir fuhren. Ich konnte mich nicht umsehen, aber James gab ständig Bericht: „Er trinkt noch. Er hat sich beruhigt. 295 Er legt sich lang. Er richtet sich wieder auf! Er sinkt wieder um. Er muss betrunken sein. Der Hund!", schrie er plötzlich, „er macht unter sich!" – „Lass ihn machen", sprach Bob, „das 300 ist ein gutes Zeichen." Und er hatte recht. Der Bär streckte sich erleichtert auf dem beschmutzten Polster aus und schlief ein. „Wohin fährst du?", fragte James. „Nach Lewistown." – „Ja, lass 305 ihn nach Lewistown fahren", pflichtete Bob bei, „es wird einen riesengroßen Spaß geben!" Und so wendete ich bei der nächsten Abzweigung und wir fuhren schnell

den Weg zurück, vorbei an unserem 310 Frühstücksplatz, talabwärts, Richtung Lewistown. Einmal standen zwei Bären am Weg und hoben bettelnd die Tatzen. James warf ein paar Bonbons hinaus. 315 „Sorry", schrie er, „wir sind sehr eilig, Gentlemen!" Aber weil wir fast zwei Stunden zu fahren hatten und nicht wussten, ob der Bär so lange ruhig bleiben würde, 320 hielten wir an der nächsten Kneipe, James holte Whisky und Cherry, und nachdem wir die Cherryflasche, fast entkorkt, vorsichtig neben den schlafenden Bären bugsiert hatten, fuhren 325 wir weiter. Unsere Überlegung war goldrichtig. Eine halbe Stunde vor Lewistown erwachte der Bär, entdeckte die Flasche, suckelte sie gierig aus und schlief 330 wieder ein. Und so fuhren wir – es war gegen ein Uhr mittags – in Lewistown ein, hielten vor dem Rathaus und gaben das Erlebte zu Protokoll. Der Sheriff kam 335 heraus mit sechs Polizisten, Stricken, einem Satz Maschinenpistolen, und das halbe Städtchen stand dabei, als er die Wagentür öffnete. Es dauerte eine Weile, bis sie den 340 Bären wachkriegten. Schließlich kroch er auf allen Vieren heraus, blickte mit trüben Augen in die Menge und setzte sich dann schwankend auf seine Hinterbeine.   345 „Ihr könnt mich aufbinden, wem ihr wollt", lallte er gutmütig. „Ich bin völlig betrunken." Dann kippte er ganz langsam um und wurde auf einer Tragebahre in ein Sanitätsauto 350 geschoben, das ihn am selben Tag zurückbrachte, zurück in die Wälder und Schluchten des Yosemite-Tales, in ein geregeltes Bärenleben.

| **D** Lesen | Name: _____ | Datum: _____ |

Bärenfang
(Rudolf Hagelstange)

1. Wo spielt die Erzählung?

_____

_____

2. Welche Personen kommen vor?

_____

_____

3. Welche Textstellen findest du lustig?

_____

_____

_____

_____

4. Welche Stellen in der Erzählung hältst du für übertrieben oder sogar un-
wahrscheinlich?

_____

_____

_____

_____

_____

5. Kannst du eine andere Überschrift für diese
   Erzählung finden?

_____

6. Welche Art Geschichte könnte „Bärenfang" sein?

_____

7. Am Ende sagt der Bär „Ihr könnt mich aufbinden, wem
ihr wollt!" Was will der Verfasser damit aussagen?

_____

_____

D Lesen	**Lösung**

Bärenfang
(Rudolf Hagelstange)

1. Wo spielt die Erzählung?

In den USA im Yosemite-Nationalpark in der

Nähe von San Francisco

2. Welche Personen kommen vor?

Bob, James, Ich-Erzähler, Bär, Sheriff

3. Welche Textstellen findest du lustig?

„im Rang etwa eines Forstbeamten" (Z. 40/41); „das sechste Glas gefrühstückt"

(Z. 82/83); Beschreibung des Autos (Z. 61-67); „seinen Kopf – wie ein Schalterbe-

amter, den man höflich anspricht" (Z. 113/114); Bär steuert das Auto (Z. 198-209);

der Bär macht auf den Rücksitz (Z. 297/298)

4. Welche Stellen in der Erzählung hältst du für übertrieben oder sogar un-wahrscheinlich?

Der Bär kann eine Whiskeyflasche halten und sogar aus ihr trinken; der Bär ver-

steht die Funktion des Steuerrades und lenkt das Auto; der Bär greift nach einer

Flasche; der Bär kann reden

5. Kannst du eine andere Überschrift für diese Erzählung finden?

Der Bär, der Auto fahren konnte

6. Welche Art Geschichte könnte „Bärenfang" sein?

Sie ist eine Lügengeschichte.

7. Am Ende sagt der Bär „Ihr könnt mich aufbinden, wem ihr wollt!" Was will der Verfasser damit aussagen?

Der Leser soll die Erzählung nicht ernst nehmen. Wer es

trotzdem tut, dem hat der Verfasser einen Bären aufgebun-

den.

| **D** Lesen | Name: _____ | Datum: _____ |

Bärenfang
Übungen zur Steigerung der Lesekompetenz

1. Im Textausschnitt unten befinden sich zahlreiche Störzeichen. Mit etwas Übung gelingt es dir sicher, den Text flüssig zu lesen.

Während des Essens stiegen wir leise hinten ein, ohne dass der Bär Notiz davon nahm. Wir saßen etwas beklommen nebeneinander und beobachteten ihn, wie er jetzt einen Käse zerbiss, wobei ihm das Papier, das sich auf einem Schneidezahn festgespießt hatte, zu schaffen machte.

2. Schaffst du es den Text flüssig und sinngestaltend zu lesen, obwohl die Buchstaben neu angeordnet sind? Du musst das zuerst üben.

Al sers ich unt erein igem Gebr um mdav onbe freit hat te, grif ferein eder Flasch en. Jam es stöhn tea uf, al sers ah, das ses die Whi sky - Fla sche war. Ins einer Ei fer sucht klo pf teer sog arandie Sche ibe, undder Bä rwand tesich die sma lum. Sei ne Aug enblitz tenet wastück isch. Nachein igen ver geb lichen Vers uch en, den Inhal tindie Keh le zubef ördern, ris serdie Kap selm its ein en Zäh ne nabund beg ann hing ebungs vollzu tri nken.

3. Im Text sind die Silben innerhalb der Wörter vertauscht. Kannst du den Text trotzdem lesen?

Der Bär warf sich auf dem Sitzsterpol hin und her, hieb genge die Tür, riss am Steurader, an den genGän, und lichplötz tenmerk wir, dass sich der genWa – sacht, ganz sacht – in Begungwe tesetz. Die ßeStra war leicht igschüssab, und breit war sie auch. Es war das nastetürlich von der Welt, dass wir renfuh! Nun aber, da wir renfuh, schien der Bär zu fasersen, dass er enfangge war, und das tejag ihm nenei nipaschen ckenSchre ein.

4. Kannst du trotz der „Löcher“ den Text flüssig lesen? Trainiere es.

„Er □□inkt n□□h. Er hat sich be□□higt. Er l□gt sich l□□g. Er r□chtet sich wie-der auf! Er s□nkt wie□er um. Er muss be□□□ken sein. Der H□nd!“, schr□□ er plö□□lich, „er ma□□t unter sich!“ – „L□□s ihn machen“, sprach B□□, „das ist ein g□tes □eichen.“ Und er hatte r□□ht. Der B□□ stre□□te sich □□leichtert auf dem beschm□tzten P□□ster aus und s□□lief ein.

| **D** Lesen | Name: _____ | Datum: _____ |

Beurteilungsstreifen (Schülereinschätzung)

Lesezeit	Lautstärke	richtig lesen	deutlich lesen	fließend lesen	betont lesen

Lesezeit	Lautstärke	richtig lesen	deutlich lesen	fließend lesen	betont lesen

Lesezeit	Lautstärke	richtig lesen	deutlich lesen	fließend lesen	betont lesen

Lesezeit	Lautstärke	richtig lesen	deutlich lesen	fließend lesen	betont lesen

Lesezeit	Lautstärke	richtig lesen	deutlich lesen	fließend lesen	betont lesen

Lesezeit	Lautstärke	richtig lesen	deutlich lesen	fließend lesen	betont lesen

Text- und Bildnachweise

- Titelseite: http://jeanjeannjeanne.blogspot.de/2012_05_01_archive.html?sa=X&ved=0CDoQ9QEwEjgUahUK Ewjj7PzT4_rGAhUK1SwKHdQBBD8
- S. 7 ff.: Christine Nöstlinger: Wie sich der Franz zu helfen wusste. Aus: Christine Nöstlinger: Allerhand von Franz. © Verlag Friedrich Oetinger, Hamburg 1991
- S. 9/10/11: Zeichnungen von Erhard Dietl
- S. 15 ff.: Astrid Lindgren: Die Mutprobe. Aus: Astrid Lindgren: Erzählungen. © Verlag Friedrich Oetinger, Hamburg 1990
- S. 18: https://photosweden.files.wordpress.com/2010/06/astrid-lindgren.jpg
- S. 21/22: Zeichnungen von Ilon Wikland
- S. 25 f.: Alfred Zacharias: Till Eulenspiegel erzählt sein Leben © E. Heimeran Verlag, München 1950
- S. 30: Denkmal von Till Eulenspiegel in Mölln. http://www.twhk.de/baelau/bilder-moelln.htm
- S. 34: Hermann Bote: Wie Till Eulenspiegel in einem Bienenkorb schlief. http://gutenberg.spiegel.de/buch/ till-eulenspiegel-1936
- S. 37 f.: Jo Hanns Rösler: Ratschläge. Aus: Humor, Lachen, Heiterkeit © Südwest-Verlag München 1961
- S. 39/40: Rhinovirus. sqonline.ucsd.edu;
- S. 39/40: https://toskana99.wordpress.com/2012/02/28/nase/schnupfen-3/; https://yourdailygerman.word-press. com/2012/04/06/meaning-schnupfen/
- S. 41: https://en.wikipedia.org/wiki/Mark_Twain_bibliography#/media/File:Mark_Twain_life_1900s.jpg
- S. 43 f.: Mark Twain: Tom stolziert die Straße hinab. Aus: Humor, Lachen, Heiterkeit © Südwest-Verlag München 1961
- S. 45: http://www.deviantart.com/art/Tom-Sawyer-179170008
- S. 46: http://jeanjeannjeanne.blogspot.de/2012_05_01_archive.html?sa=X&ved=0CDoQ9QEwEjgUahUKE wjj7PzT4_rGAhUK1SwKHdQBBD8
- S. 47/48: http://jeanjeannjeanne.blogspot.de/2012_05_01_archive.html?sa=X&ved=0CDoQ9Q EwEjgUahUKEwjj7PzT4_rGAhUK1SwKHdQBBD8
- S. 53 f.: J. E. Poritzky: Der Fuffzja. Aus: Humor, Lachen, Heiterkeit © Südwest-Verlag München 1961
- S. 55/56: Zeichnung von Heinrich Zille
- S. 59 f.: Fritz Müller-Partenkirchen: D' Sau. Aus: Fritz Müller-Partenkirchen: Die schönsten Schulgeschichten © Franz Ehrenwirth Verlag 1955
- S. 61/62: Zeichnung: Jochen Bartsch, Gauting
- S. 65 ff.: Christine Nöstlinger: Unterschrift des Vaters! Aus: Christine Nöstlinger: Wir pfeifen auf den Gurken-könig. © Beltz Verlag, Weinheim 1972
- S. 69-71: Zeichnungen von Hansjörg Langenfass, 1984
- S. 73 ff.: Rudolf Hagelstange: Bärenfang. Aus: Phantastische Abenteuergeschichten. Barthenschlager Verlag, München
- S. 79: http://www.westkueste-usa.de/2006/images/Yosemite_011.jpg
- S. 80: http://www.1zoom.me/de/wallpaper/373742/z1039.4/
- S. 81/82: http://publicdomainvectors.org/de/kostenlose-vektorgrafiken/Bleistiftzeichnung-Vektor-Zeichnung-eines-großen-Bären/28599.html; http://www.geocities.ws/baerenzauber/baerenwitze7_7.html